Tanzstunde

Gerhard Hädrich

Tanzstunde

Das Welttanzprogramm leicht gelernt

Inhalt

Die 12 Tänze des Welttanzprogramms

Das *Welttanzprogramm (WTP)* wurde nach einer Idee von mir im Jahre 1963 im International Council of Ballroom Dancing (ICBD), der internationalen Vereinigung der Tanzlehrer-Verbände der Welt, von einer Kommission eingeführt, in der Vertreter aus allen Kontinenten waren.

Damit wurde die Voraussetzung geschaffen, daß alle, die die Grundschritte der 12 Tänze des WTPs erlernen, miteinander tanzen können. Am treffendsten haben dies die Engländer formuliert: »An jedem Ort, mit jedermann, nach jeder Musik tanzen zu können«, das ist der Sinn dieses Programmes.

Im WTP sind einfache Grundbewegungen für die folgenden 12 Tänze festgelegt worden:
1. Langsamer Walzer
2. Wiener Walzer
3. Foxtrott (Quickstep)
4. Tango
5. Blues (Langsamer Foxtrott)
6. Rumba
7. Cha-Cha-Cha
8. Samba
9. Jive
10. Paso Doble
11. Rock and Roll
12. Disco-Fox und/oder Solo-Disco

Aus der Zusammenstellung ist leicht ersichtlich, daß man Rücksicht auf die *Lieblingstänze* in den einzelnen Ländern genommen hat. Daß hier bei uns Samba oder Paso Doble nicht zu den Lieblingstänzen zählen, ist ein offenes Geheimnis. Andererseits sind diese Tänze in Südamerika nicht wegzudenken, während dort der Langsame Walzer oder gar der Wiener Walzer nicht besonders gefragt sind. Hier galt es bei der Zusammenstellung gegenseitig Konzessionen zu machen, und dies ist gelungen. Die Europäer werden den Samba nie so tanzen können wie die Brasilianer während des Karnevals, dafür aber mit ebensoviel Freude.

Der Disco ist auch unter dem Namen Disco-Swing bekannt. Die beschriebenen Grundschritte wurden auf dem Weltkongreß des Weltverbandes der Tanzlehrer in Blackpool 1979 in das WTP aufgenommen. Ein Jahr später wurde der Rock and Roll aufgenommen. Seine Wiedergeburt ging nicht von Amerika aus, sondern von der Schweiz, Italien, Frankreich und Deutschland. Zwar wird auch in Amerika die Rock-and-Roll-Musik öfter gespielt, aber der neue Tanzstil ist hier in Europa entwickelt worden. Besonderer Beliebtheit erfreuen sich die halbakrobatischen und akrobatischen Figuren, die im Gegensatz zum Rock and Roll der fünfziger Jahre viel zahlreicher geworden sind.

Das WTP, das möchte ich besonders betonen, hat nichts mit Turniertanzen zu tun. Schritte, Schrittkombinationen und die Tanzhaltung im WTP unterscheiden sich grundlegend von den Ausführungen der Turniertänzer. Nach meiner Auffassung treibt jemand, der am Wochenende baden geht, keinen Schwimmsport, und wer mit seiner Freundin mit dem Fahrrad ins Grüne fährt, trainiert nicht für die Tour de France. Genau so verhält es sich mit dem Tanzen.

Wer auf einer Party, in einer Bar oder in einem dicht gefüllten Saal tanzt, der betreibt keinen Tanzsport. Er erfreut sich an einem Hobby, das in der ganzen Welt verbreitet ist. Millionen Menschen tanzen Tag für Tag zu allen möglichen Anlässen. Sie messen sich dabei aber nicht mit anderen Paaren, d. h. sie wollen kein mittanzendes Paar besiegen. Tanzen, wie es das WTP versteht, ist das *schönste Hobby für Zwei,* und was dabei besonders schön ist: Dieses Hobby ist völlig unabhängig vom Alter. Wer sich gesund fühlt und tanzen möchte, der kann auch tanzen.

Lassen Sie mich auch ein paar Worte sagen zu der oft geäußerten Meinung: »Ich kann nicht tanzen, ich bin unmusikalisch.« Mit wahrer Musikalität hat Tanzen meines Erachtens erst in zweiter Linie etwas zu tun. Es spielt sicher eine große Rolle für Turniertänzer, ob sie musikalisch empfinden oder nicht, für den *normalen Tänzer* ist das jedoch nicht entscheidend. Sicherlich ist es unangenehm, wenn man hört, daß ein Musiker oder ein Sänger den Ton nicht ganz trifft, aber für den Tänzer ist das belanglos. Beim Tanzen stört in erster Linie, wenn das Tempo des Musikstückes nicht stimmt, die Kapelle also zu schnell oder zu langsam spielt, oder wenn die Betonungen nicht deutlich herauszuhören sind, der Tänzer also den Taktanfang und die Taktschläge nicht gut erkennen kann. Wer die Taktschläge hört, der kann auf diese Musik auch tanzen. Leider ist die Taktreinheit erstaunlicherweise selbst bei weltbekannten Orchestern oft nicht immer gegeben. Der Schallplattenkauf für den Tanzgebrauch ist deshalb oft Glückssache, die Verpflichtung eines Tanzorchesters für ein Tanzfest leider auch.

Die Tänze des WTPs basieren auf einem Idealtempo, das leicht nach unten und oben schwanken kann, ohne daß es störend wirkt – im Gegensatz zum Tanzturnier, bei dem die Tempi exakt stimmen müssen. Wenn man die Schrittfolge (der Figuren) beherrscht, wird man später sehr schnell spüren, welches Tempo am angenehmsten ist. Zum Üben empfiehlt es sich jedoch, das Tempo der Schallplatte etwas zu drosseln. Um die Laufgeschwindigkeit der Schallplatte verändern zu können, ist ein regulierbarer Plattenspieler notwendig, Ihre Party zu Hause ist damit viel leichter zu gestalten.

Zum Tanzen benötigt man nicht viel Platz. Sie brauchen zu Hause nur Tische und Stühle beiseite zu räumen und den Teppich aufzurollen (es geht auch auf dem Teppich, nur bekommt es ihm vielleicht nicht gut), und los geht's.

In den nachfolgenden Schrittbeschreibungen und -diagrammen finden Sie die Damen- und Herrenschritte immer getrennt. Es empfiehlt sich, daß jeder seine Schritte zunächst einmal alleine übt. Nehmen Sie das Buch, und laufen Sie den gezeichneten Füßen nach. Vielleicht helfen dem einen oder anderen auch die Fotos mehr – das werden Sie bald herausfinden.

Tanzen ist die natürlichste Sache der Welt, denn alle Bewegungen führt der Mensch mehrmals am Tag aus. Sie gehen vorwärts und auch einmal kurz rückwärts, Sie bewegen sich zur Seite, Sie drehen sich rechts oder links herum – alles Bewegungen, die auch im Tanz vorkommen und die Sie genau so natürlich machen müssen wie sonst auch. Allein daraus können Sie ersehen, daß Tanzen durchaus nichts »Feminines« ist, wie man ja manchmal von jungen Männern hören kann; dann wären ja auch die Bewegungen im täglichen Leben feminin. Jeder Mensch setzt einen Vorwärtsschritt mit der Ferse an und rollt das Gewicht zum ganzen Fuß ab. Das geschieht täglich hundertmal, ohne daß Sie darüber nachdenken. Denken Sie auch beim Tanzen nicht darüber nach. Sobald Sie anfangen etwas anders zu machen, wird die Bewegung unnatürlich, steifbeinig, unbalanciert, verkrampft. Kontrollieren Sie einmal, wie Sie ihren Fuß ansetzen, wenn Sie jemand bittet, einen kleinen Schritt zur Seite zu gehen, um etwas Platz zu machen. Niemals werden Sie die Ferse seitwärts ansetzen, immer den flachen Ballen; warum also nicht auch beim Tanzen. Auch wenn Sie sich umdrehen, weil Sie vielleicht etwas vergessen haben, drehen Sie sich niemals auf der Ferse. Das Gewicht liegt dabei instinktiv auf dem Ballen; das ist auch bei Drehungen während des Tanzens so.

Sie brauchen also nichts Neues oder Unnatürliches zu lernen und schon gar nicht etwas Schwieriges oder Kompliziertes. Es ist der Urtrieb des Menschen, Musik in Bewegung umzusetzen; der Tanz ist so alt wie die Menschheit; er hat sich immer der Musik angepaßt.

So ist es auch zu verstehen, daß sich der Tanz mit der Musik im Laufe der Jahre wandelte. Noch im vorigen Jahrhundert hatte die »gehobene Gesellschaft« ihre eigene Musik und ihre eigenen Tänze, daher der Begriff »Gesellschaftstänze«. Heute versteht man unter Gesellschaftstanz den Tanz in einer Gesellschaft mit Gleichgesinnten, die Freude an Musik haben und daran, sich nach dieser Musik mit einem Partner zu bewegen. Möglichkeiten, in der Gesellschaft mit anderen zu tanzen, gibt es viele. Neue Schritte hinzulernen können Sie in jeder ADTV-Tanzschule, von denen es ca. 800 in der Bundesrepublik Deutschland gibt. Wenn Sie Schwierigkeiten beim Erlernen der Tänze nach diesem Buch haben, dann wenden Sie sich vertrauensvoll an einen Tanzlehrer. Waren oder sind Sie bereits in einem Kursus, dann kann dieses Buch Ihr Gedächtnis auffrischen.

Die Tanzhaltung

Die Tanzhaltung, das liegt im Sinn des Wortes, soll jeden der beiden Partner in die Lage versetzen, mit dem anderen zu tanzen. Das klingt einfach, ist es aber nicht ohne weiteres. Es sind eigentlich zwei Aufgaben, die die Tanzhaltung lösen soll.

Erstens soll sich jeder Partner durch seine Armhaltung besser ausbalancieren, um dem anderen nicht zur Last zu fallen. Das gilt aber nur dann, wenn man schwungvoll oder mit raumgreifenden Bewegungen (vergleiche Langsamer Walzer oder Wiener Walzer, S. 14 ff.) tanzt.

Zweitens ergeben sich durch die Tanzhaltung Berührungspunkte, so daß man über den Tastsinn vermitteln kann, was der andere tanzen will. Weiteres zum Thema unter dem Stichwort *Führen und Anpassen* (Seite 9).

Tanzhaltung heißt nicht, sich aneinander festhalten. Die Hände dürfen keinen Druck beim Partner ausüben, weil dieser dadurch sehr schnell aus der Balance gebracht wird. Und wenn er nicht mehr sicher auf seinen zwei Füßen stehen kann, kann er auch nicht tanzen.

Die Tanzhaltung soll das miteinander Tanzen so angenehm und bequem wie nur möglich machen.

Die Tanzhaltung ist variabel. Sie richtet sich:
1. nach dem jeweiligen Tanz und dessen Stil,
2. nach dem tänzerischen Schwung,

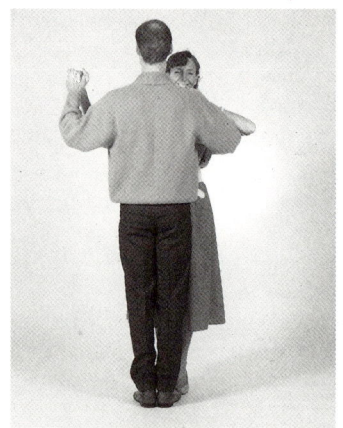
Standardtänze

Lateinamerikanische Tänze

Bei voller Tänzfläche

Auf der Party

3. nach der Umgebung, in der ich tanze (Party zu Hause, kleine Bartanzfläche, voller Tanzsaal),
4. nach dem Bekanntschaftsgrad der beiden Partner. Mit einer mir fremden Dame werde ich auf mehr Distanz tanzen, bin ich mit der Partnerin eng befreundet, kann die Tanzhaltung enger sein.

Führen und anpassen

Wenn zwei Körper völlig synchron in bezug auf Richtung im Raum, Rhythmus der Schritte, Schwung der Bewegung und Verbindung verschiedener Variationen oder später improvisierend und mit den Grundschrittverbindungen spielend zusammen tanzen wollen, dann muß einer der beiden die Führung übernehmen. Der andere muß dann aber bereit sein, sich dieser Führung anzupassen und ihr zu folgen. Das klingt einleuchtend und ist auch ganz einfach, wenn die Rollenverteilung von beiden akzeptiert wird. Nach wie vor liegt die Führung beim Tanzen bei *ihm;* sie könnte auch bei *ihr* liegen, wenn die beiden sich darüber einigen. Manchmal versucht *sie* ja tatsächlich, die Initiative zu ergreifen, und dann geht es meistens schief, nicht weil das technisch unmöglich wäre, sondern weil *er* sich wahrscheinlich instinktiv dagegen wehrt. Wenn *sie* versucht, die Führung zu übernehmen, dann ist das meistens *seine* Schuld. Wenn Ihre Partnerin, meine Herren, sich in Ihrer Tanzhaltung im wahrsten Sinne des Wortes wohlfühlt, sie also immer rechtzeitig merkt, was Sie mit ihr tanzen wollen, dann wird sie sich auch gerne anpassen und nicht selbst aktiv werden.

Beide Partner sollten folgende Tips gut beachten:

1. Tanzen Sie nie genau voreinander. Sie stehen immer nach links soweit versetzt, daß jeweils der rechte Fuß zwischen die Füße des anderen

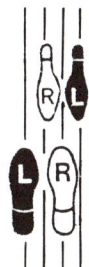

**Richtige Fußstellung
4 Gleise**

Keiner darf auf ein Gleis des Anderen geraten!

**Falsche Fußstellung
2 Gleise**

So sollte es *nicht* sein.

zeigt. Sie können dann links am Partner vorbei schauen, d. h. über seine rechte Schulter blicken. Sie tanzen als Paar also auf 4 Gleisen, d. h. jeder hat 2, ein rechtes und ein linkes Gleis.

2. Jeder linke Schritt vorwärts gesetzt geht immer außen am rechten Fuß des Partners vorbei. Mit dem linken Fuß (LF) geht man niemals zwischen die Füße des Partners. Das gilt für den Herren genauso wie für die Dame.

3. Jeder rechte Schritt vorwärts gesetzt geht immer zwischen die Füße des Partners, wenn man sich in Gegenüberstellung befindet.

4. Der Herr überträgt seine Bewegungen durch die Tanzhaltung (Berührungspunkte) auf seine Partnerin, die diese über ihren Tastsinn aufnimmt. Er darf mit seinen Händen nicht an ihr ziehen oder sie in eine Richtung drücken. Wenn er sich selbst deutlich bewegt, wird die Dame keine Schwierigkeiten haben, ihm zu folgen. Tanzen muß in erster Linie der Rumpf; die Beine sind sekundär, sie unterstützen und tragen den Rumpf nur. Wer mit seinen Füßen und Beinen tanzen will, wird mehr auf den Füßen seines Partners stehen, als daß er sich mit ihm oder ihr tanzend bewegt. Wenn Sie Ihren Rumpf in Bewegung setzen, in welche Richtung und in welchem Rhythmus auch immer, werden die Beine und Füße immer rechtzeitig da sein. Das geschieht wie beim Gehen völlig automatisch; Ihr Computer, sprich Gehirn, steuert diesen Vorgang absolut sicher und richtig.

Herr LF vorwärts

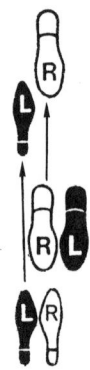

Dame LF vorwärts

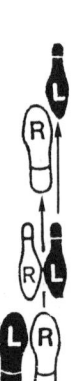

Herr RF vorwärts

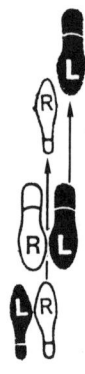

Dame RF vorwärts

Herr LF vorwärts

Herr RF vorwärts

Die Verkehrsregeln auf der Tanzfläche

Leider ist meist nicht bekannt, daß es auch auf einer Tanzfläche Verkehrsregeln gibt. Die fließenden Tänze bewegen sich gegen die Uhr, also im Rechtsverkehr durch den Raum. Dabei hat jeder Tanz seinem Stil entsprechend seine eigene Bewegungsrichtung, d. h. er wird entweder seitwärts, vorwärts oder drehend in Tanzrichtung getanzt. Sie werden die jeweilige Bewegungsrichtung später bei der Beschreibung der einzelnen Tänze immer vermerkt finden. Das ist übrigens eine internationale Abmachung, die nicht nur für Deutschland gilt. Verantwortlich für die Einhaltung der Verkehrsregeln ist der Führende, in der Regel also der Herr. Diese Regeln sollen natürlich auch sicherstellen, daß alle Mittanzenden zu ihrem Recht kommen und nicht über Gebühr behindert werden. Selbst auf einer übervollen Tanzfläche gibt es kaum Schwierigkeiten, wenn sich alle an die Verkehrsregeln halten. Ist nur ein Paar dazwischen, das Tanzbahnen schneidet oder sich nicht in der dem Tanz zugeordneten Bewegungsrichtung bewegt, kommen alle anderen unweigerlich durcheinander. Der Effekt ist in etwa derselbe, wie wenn ein Auto eine Einbahnstraße in der falschen Richtung befährt.

Bei sogenannten Platztänzen, Tänzen also, bei denen man sich nicht im Raum weiterbewegt, gibt es keine Tanzrichtung; da vergnügt sich jeder auf seinen 2 Quadratmetern.

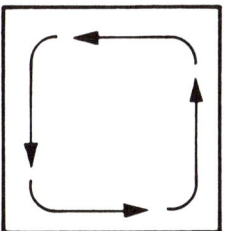

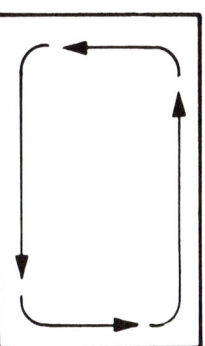

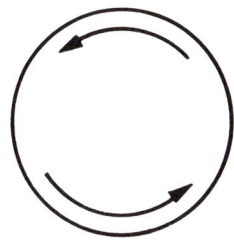

Die Pfeile geben die Tanzrichtung (TR) an.

Wie Sie es am besten erlernen

1. Machen Sie es sich in einem Sessel bequem.
2. Lesen Sie die Schrittbeschreibung einer Figur durch.
3. Vergleichen Sie die einzelnen Schritte der Beschreibung mit den Schrittdiagrammen und mit den Fotos.
4. Schließen Sie die Augen und versuchen Sie die Schritte im Geist zu machen, beziehungsweise sich die Schrittfolge mit geschlossenen Augen vorzustellen.
   Gelingt es Ihnen, die Schritte zu sehen, stehen Sie auf…
5. …und machen Sie die Schritte allein ohne Partner.
6. Gelingt es Ihnen nicht, alle Schritte zu sehen, dann haben Sie die eine oder andere Stelle noch nicht erfaßt. Vergleichen Sie noch einmal Schrittdiagramm und Fotos.
7. Wenn Sie Ihre Schritte allein machen können, dann stellen Sie sich paarweise auf und tanzen Sie die Schritte zusammen. Das geht nur, wenn jeder Partner seine Schritte beherrscht.
8. Haben Sie in einer ADTV-Tanzschule gelernt, dann dient Ihnen das Buch zu Hause zur Gedächtnisauffrischung. Bedenken Sie aber dabei, daß es geringfügige Abweichungen geben kann, da die Unterrichtsmethode jedes Tanzlehrers ein wenig unterschiedlich ist, ohne daß sich am Ende das tänzerische Resultat ändert. Nur der Weg zu diesem Ziel wird unterschiedlich sein.
9. Sollten Sie trotz eifrigen Bemühens Schwierigkeiten haben, gehen Sie zu einer ADTV-Tanzschule und lassen Sie sich helfen.
10. Tanzen macht nur Spaß in der Gesellschaft mit anderen. Wenn Sie regelmäßig üben wollen, dann schließen Sie sich am besten einem Tanzschulkurs an.
11. Mit diesem Welttanzprogramm haben Sie den ersten Schritt getan. Viele weitere Schritte sind möglich. Je mehr Variationsmöglichkeiten Sie kennenlernen, um so mehr Freude wird Ihnen das Tanzen machen.
12. Sie können das Tanzen auch als Fitnessübung benutzen, wenn Sie zum Medaillentanzen oder gar zum Turniertanzen kommen. Bronze-, Silber- und Goldmedaillen können Sie in jeder ADTV-Tanzschule erwerben; zum Turniertanzen treten Sie in einen Tanzclub des Deutschen Tanzsportverbandes ein.
13. Das Wichtigste fehlt noch: Ohne Musik geht es schlecht. Am besten eignen sich Schallplatten oder Kassetten. Wenn Sie kein Risiko beim Kauf eingehen wollen, dann verlangen Sie im Schallplattengeschäft Langspielplatten, die das Gütezeichen des ADTV haben. Hugo Strassers Tanzplatte des Jahres oder Max Gregers Tanzplatten sind auf Tempo und Rhythmus für den Tänzer, nicht für den Turniertänzer, geprüft.
14. Tanzen ist die schönste Nebensache auf dieser Welt; nehmen Sie es deshalb bitte niemals tierisch ernst!

Abkürzungen und Zeichnungen

 = RF = rechter Fuß des Herrn

 = LF = linker Fuß des Herrn

 = RF = rechter Fuß der Dame

 = LF = linker Fuß der Dame

 = Nur den Ballen belasten

 = Den Fuß unbelastet setzen

 = Den Ballen unbelastet setzen

S = Schneller Schritt
L = Langsamer Schritt
+ = Doppelt schneller Schritt

Foto S. 13: TSG Bremerhaven; die Formation ist vielfacher Weltmeister in den Lateinamerikanischen Tänzen.

Das Welttanzprogramm

Langsamer Walzer

Taktart
3/4 Takt, Schritt 1 und 4 jeweils auf den ersten Schlag im Takt.

Tempo
30 bis 32 Takte/Min.

Tanzrichtung
Der Herr mit der Front in Tanzrichtung, die Bewegungen gehen dann entweder vorwärts in Tanzrichtung oder rechts oder links herum drehend.

Rhythmus
Alle Schritte sind gleichmäßig, auf jeden Taktschlag einen Schritt; am besten zählen Sie 1, 2, 3, 4, 5, 6.

In der Zeichnung sind bereits 2 Grundschritte im Langsamen Walzer dargestellt. Da aber im WTP jede weitere Figur 6 Schritte hat, habe ich des besseren Verständnisses wegen die beiden Schritte zusammengefaßt. Sie sollten sie auch zusammenhängend üben, weil Sie dann den Gewichtswechsel bei 3 schneller erlernen.
Jeder Schritt 1 (RF) vorwärts muß zwischen die Füße der Dame gesetzt werden, und jeder Schritt 4 (LF) geht neben den RF der Dame. Bei den Seitwärtsschritten 2 und 5 müssen beide Partner darauf achten, daß sie weiterhin links versetzt bleiben und sich gegenseitig über die rechte Schulter schauen können. Beachtet das ein Partner nicht, gibt es Schwierigkeiten beim Schließen der Füße und beim nächsten Vorwärts- oder Rück-

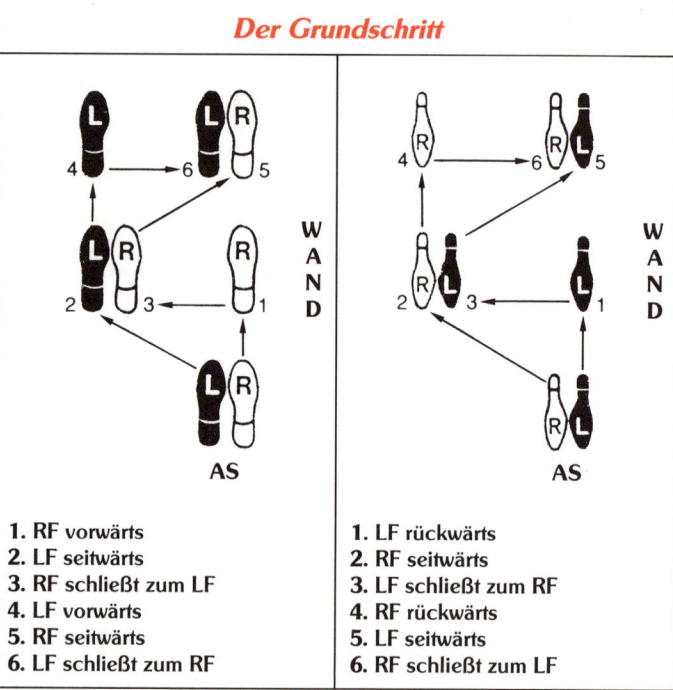

Der Grundschritt

1. RF vorwärts
2. LF seitwärts
3. RF schließt zum LF
4. LF vorwärts
5. RF seitwärts
6. LF schließt zum RF

1. LF rückwärts
2. RF seitwärts
3. LF schließt zum RF
4. RF rückwärts
5. LF seitwärts
6. RF schließt zum LF

wärtsschritt; dieser geht dann meistens dem Rückwärtstanzenden auf die Füße, weil Sie sich dann nicht mehr auf 4 Gleisen bewegen.
Jeder Vorwärtsschritt wird mit der Ferse angesetzt, dann das Gewicht auf den ganzen Fuß verlagert. Jeder Seitwärtsschritt wird auf dem flachen Ballen angesetzt, ebenfalls der schließende Schritt; die Ferse können Sie beim Belasten auf den Boden bringen.

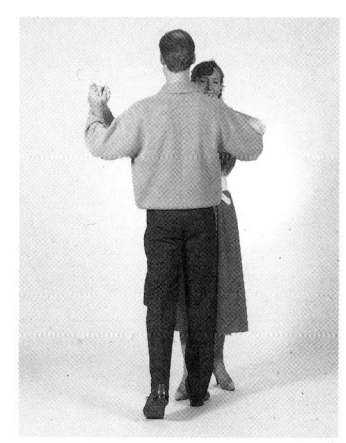

6

3

5

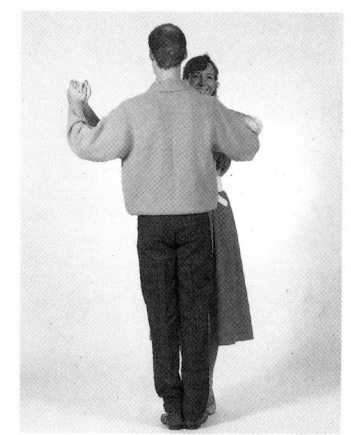

2

4

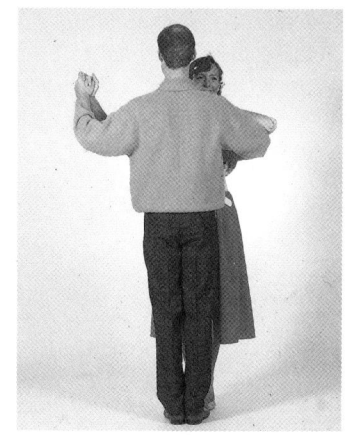

1

■ Nach dem WTP tanzen Sie jeweils 1/2 Drehung auf 3 Schritte. Im Turniertanzen wird nur 3/8 gedreht, weil dort der Langsame Walzer diagonal aufbaut ist.

Zu beachten ist wieder, daß der RF vorwärts zwischen die Füße des Partners gesetzt werden muß. Bei Schritt 1 macht das der Herr und bei Schritt 4 die Dame. Um das Umeinander-Herum-Tanzen zu erleichtern, wird der Seitwärtsschritt mit dem RF möglichst klein gesetzt. Die Dame beachtet das bitte bei Schritt 2, der Herr dann entsprechend bei Schritt 5.

Sie können sich im Raum leicht orientieren. Der Herr beginnt mit der Front in Tanzrichtung, nach den ersten 3 Schritten zeigt der Rücken und am Ende nach Schritt 6 wieder die Front in Tanzrichtung.

Beim Drehen keine Gewalt anwenden, sondern lediglich die linke Hüfte ständig vorwärts drehen, ohne großen Schwung zu nehmen.

Die Rechtsdrehung

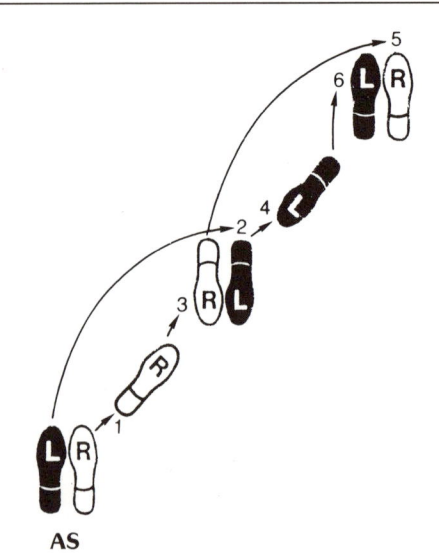

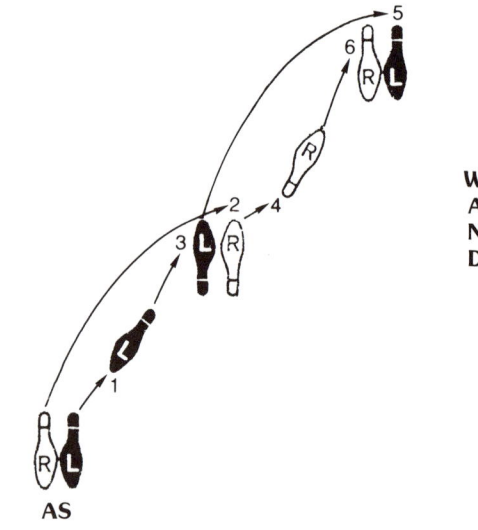

1. RF schräg vorwärts
2. LF seitwärts nach rechts drehen
3. RF schließt zum RF, 1/2 Rechtsdrehung beenden
4. LF schräg rückwärts
5. RF seitwärts kleiner Schritt, nach rechts drehen
6. LF schließt zum RF, 1/2 Rechtsdrehung beenden

1. LF schräg rückwärts
2. RF seitwärts kleiner Schritt, nach rechts drehen
3. LF schließt zum RF, 1/2 Rechtsdrehung beenden
4. RF schräg vorwärts
5. LF seitwärts, nach rechts drehen
6. RF schließt zum LF, 1/2 Rechtsdrehung beenden

4

3

5

2

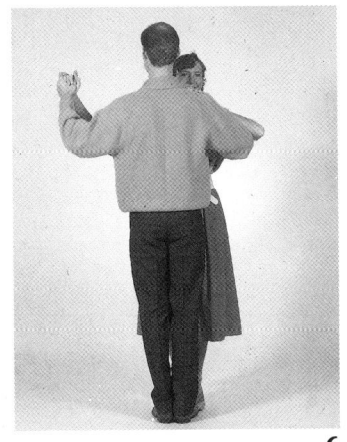

6

1

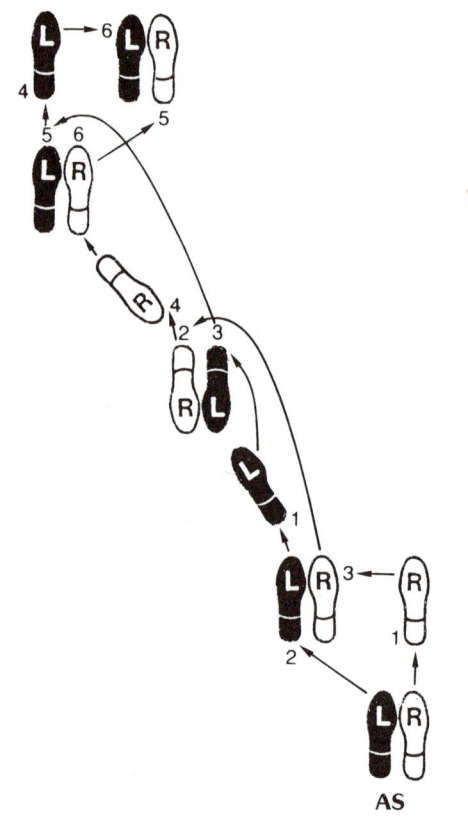

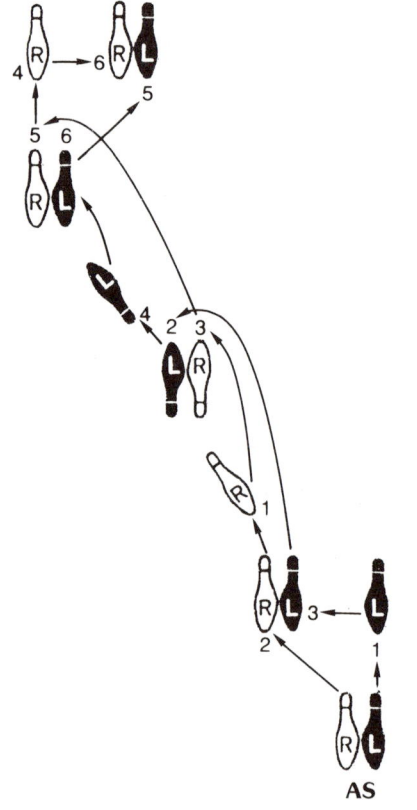

Voraus tanzen:
Die Schritte 1 bis 3 des Grundschrittes
1. RF vorwärts
2. LF seitwärts
3. RF schließt zum LF

Nun in die Linksdrehung:
1. LF schräg vorwärts
2. RF seitwärts kleiner Schritt, nach links drehen
3. LF schließt zum RF, 1/2 Linksdrehung beenden
4. RF schräg rückwärts
5. LF seitwärts, nach links drehen
6. RF schließt zum LF, 1/2 Linksdrehung beenden

Hinterher tanzen:
Die Schritte 4 bis 6 des Grundschrittes
4. LF vorwärts
5. RF seitwärts
6. LF schließt zum RF

Voraus tanzen:
Die Schritte 1 bis 3 des Grundschrittes
1. LF rückwärts
2. RF seitwärts
3. LF schließt zum RF

Nun die Linksdrehung:
1. RF schräg rückwärts
2. LF seitwärts, nach links drehen
3. RF schließt zum LF, 1/2 Linksdrehung beenden
4. LF schräg vorwärts
5. RF seitwärts kleiner Schritt, nach links drehen
6. LF schließt zum RF, 1/2 Linksdrehung beenden

Hinterher tanzen:
Die Schritte 4 bis 6 des Grundschrittes
4. RF rückwärts
5. LF seitwärts
6. RF schließt zum LF

18

■ Im WTP wird auch in der Linksdrehung jeweils 1/2 Drehung auf 3 Schritten getanzt. Sollte das nicht gleich gelingen, dann können Sie am Ende die folgenden Schritte (4 – 6 des Grundschrittes) benutzen, um sich so weit zu drehen, daß Sie wieder in Tanzrichtung stehen. Das ist wichtig, weil Sie sonst nicht die richtige Ausgangsposition haben, um eventuell gleich eine Rechtsdrehung anzuschließen. Wenn Sie diese allerdings etwas schräg vorwärts zur Wand beginnen, dann ist das korrekt, Sie haben dann sogar schon 1/8 Drehung gespart, was Ihnen die Drehung sicher erleichtern wird. Zu beachten ist wieder, daß der LF vorwärts außen neben den Fuß des Partners gesetzt werden muß, auf keinen Fall zwischen dessen Füße.

Auch hier ist der Seitwärtsschritt mit dem RF bewußt klein zu tanzen; das gilt für den Herrn bei Schritt 2 und für die Dame bei Schritt 5. Wenn Sie das beachten, bleiben Sie die ganze Zeit links voneinander versetzt, was ja sehr wichtig für die Balance ist. Beim Drehen keinen besonderen Schwung nehmen, sondern lediglich die richtige Hüfte ständig vorwärts drehen.

Mögliche Schrittverbindungen

1. Grundschritt – Rechtsdrehung – Grundschritt
2. Grundschritt 1 bis 3 – Linksdrehung – Grundschritt 4 bis 6
3. Rechtsdrehung – Grundschritt 1 bis 3 – Linksdrehung – Grundschritt 4 bis 6 – Rechtsdrehung

3

4

2

5

1

6

Wiener Walzer

Taktart
3/4 Takt, Schritt 1 und 4 jeweils auf den ersten Schlag im Takt.

Tempo
60 Takte/Min.

Tanzrichtung
Die Rechts- und Linksdrehung werden auf der Tanzbahn drehend entlang der Tanzrichtung getanzt. Mit den Pendelschritten dreht sich der Herr immer bis Front in Tanzrichtung, um die nächste Serie von Drehungen beginnen zu können. Nicht quer durch die Mitte drehen.

Rhythmus
Alle Schritte sind gleichmäßig, auf jeden Taktschlag einen Schritt setzen. Am besten zählen Sie 1, 2, 3, 4, 5, 6.

■ Man dreht sich jeweils um 360 Grad bei diesen 6 Schritten, d. h. jeweils 1/2 Drehung bei 1 – 3 und bei 4 – 6.

Beliebig viele Drehungen können einander folgen. Am Anfang macht es jedoch vielen Schwierigkeiten mehrere Drehungen hintereinander zu tanzen, weil das Gleichgewicht verloren geht und weil manche schwindlig werden.
Sobald Sie merken, daß die Drehungen anfangen zu *wackeln,* retten Sie sich am besten in die Pendelschritte, damit Sie dann das Gleichgewicht wiederfinden.

Die Rechtsdrehung

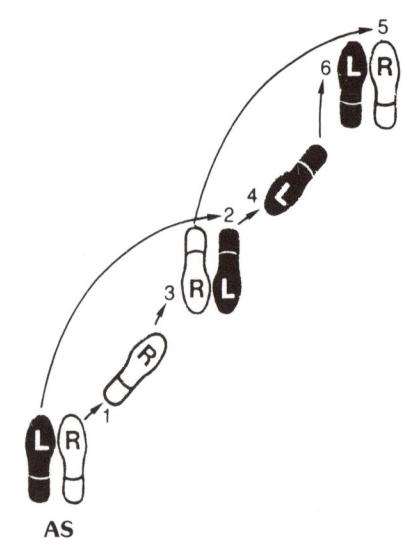

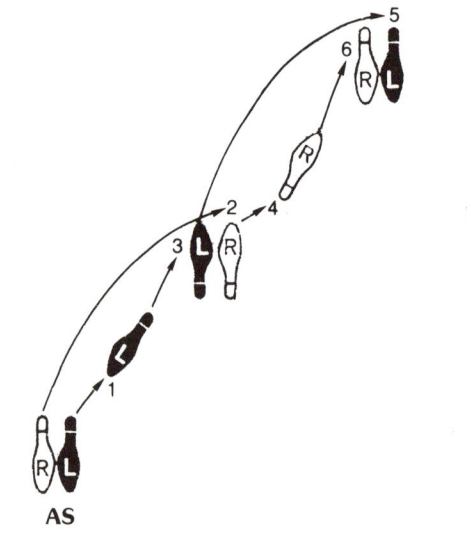

1. RF schräg vorwärts zwischen die Füße der Dame, nach rechts drehen	1. LF schräg rückwärts nach rechts drehen
2. LF seitwärts weiter nach rechts drehen	2. RF seitwärts, kleiner Schritt, weiter nach rechts drehen
3. RF schließt zum LF, 1/2 Rechtsdrehung beenden	3. LF schließt zum RF, 1/2 Rechtsdrehung beenden
4. LF schräg rückwärts nach rechts drehen	4. RF schräg vorwärts zwischen die Füße des Herrn, nach rechts drehen
5. RF seitwärts, kleiner Schritt weiter nach rechts drehen	5. LF seitwärts weiter nach rechts drehen
6. LF schließt zum RF, 1/2 Rechtsdrehung beenden	6. RF schließt zum LF, 1/2 Rechtsdrehung beenden

Möglichst kleine Schritte mit wenig Raumgewinn erleichtern Ihnen die Drehung wesentlich. Tanzen Sie bei den Vorwärtsschritten (bei 1 bzw. 4 in der Drehung) nicht dem Körper des Partners nach, folgen Sie Ihrer linken Hand; gehen Sie also außen um den Partner herum.

4

3

5

2

6

1

■ Diese Pendelschritte können Sie beliebig oft wiederholen. Immer beim 3. Taktschlag der Musik zögern Sie ein wenig, indem Sie die Fuß- und Körperstellung halten.

Die Pendelschritte werden getanzt, wenn Rechts- und Linksdrehungen verbunden werden sollen, oder aber wenn Sie sich nach mehreren Drehungen ausruhen wollen. Tanzen Sie alle 6 Schritte, muß eine Rechtsdrehung folgen, tanzen Sie jedoch irgendwann einmal nur die Schritte 1 bis 3, können Sie die Linksdrehung ansetzen. Nach mehreren Linksdrehungen tanzen Sie die Schritte 4 bis 6 des Pendelschrittes. Dann folgen weitere Pendelschritte oder direkt eine Rechtsdrehung.

Sie können sich bei den Pendelschritten auch leicht nach rechts oder links drehen, um die Richtung auszubessern. Vor Beginn einer neuen Drehung, ob rechts oder links herum, sollten Sie am Ende eines Pendelschrittes als Herr immer mit der Front in Tanzrichtung enden.

Der Pendelschritt nach rechts und links

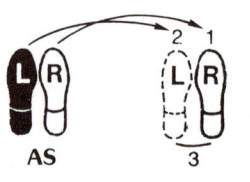

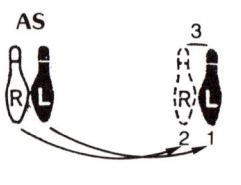

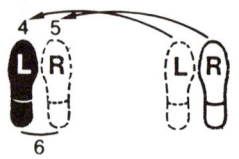

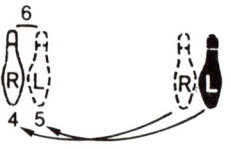

1. RF seitwärts	1. LF seitwärts
2. LF zum RF heranpendeln ohne ihn zu belasten	2. RF zum LF heranpendeln ohne ihn zu belasten
3. Die Position halten	3. Die Position halten
4. LF seitwärts	4. RF seitwärts
5. RF zum LF heranpendeln ohne ihn zu belasten	5. LF zum RF heranpendeln ohne ihn zu belasten
6. Die Position halten	6. Die Position halten

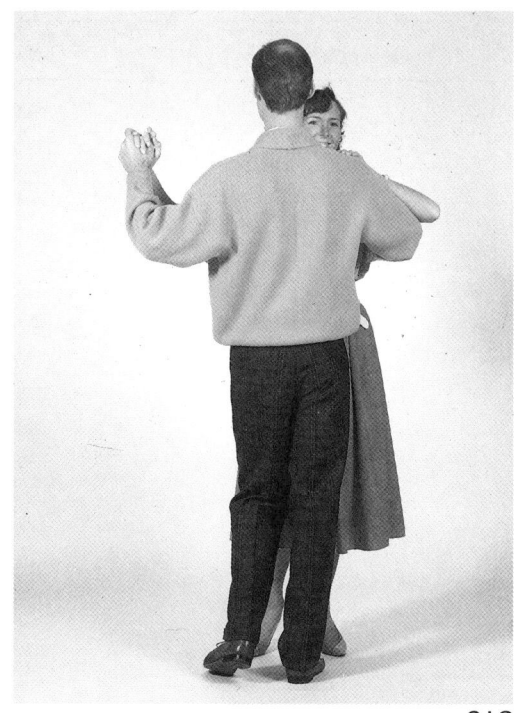

2+3

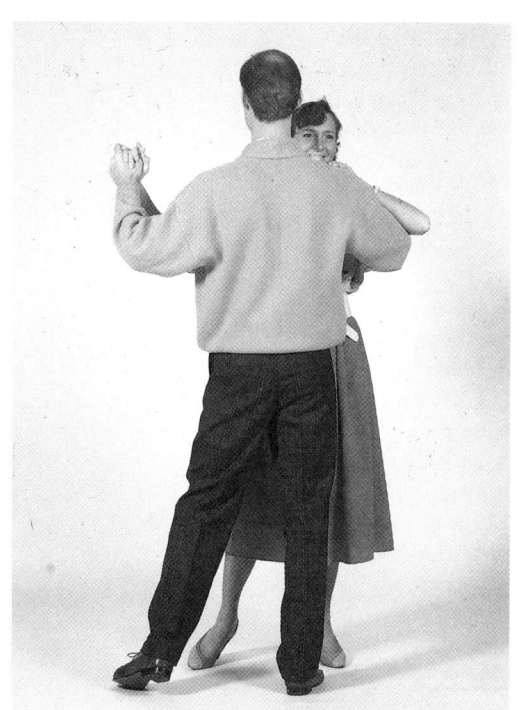

1

4

5+6

■ Der Herr kann bei Schritt 3, die Dame bei Schritt 6 den LF vor den RF kreuzen, das fällt vielen leichter als das Schließen des Fußes. Turnierpaare kreuzen immer bei diesem Schritt.
Auch in der Linksdrehung müssen Sie 360 Grad also eine ganze Drehung schaffen. Am besten teilen Sie das so auf, daß Sie jeweils 1/2 Drehung bei den Schritten 1 bis 3 und eine weitere 1/2 Drehung bei den Schritten 4 bis 6 machen. Linksdrehungen fallen vielen Tänzern am Anfang schwerer als Rechtsdrehungen.
Wichtig ist wiederum, daß Sie den LF vorwärts nicht zwischen die Füße des Partners plazieren, sondern außen vorbei setzen, wie bereits aus den anderen Tänzen bekannt.

Mögliche Schrittverbindungen
1. Jede Figur ist für sich beliebig oft zu tanzen
2. Mehrere Rechtsdrehungen – Pendelschritt nach rechts und links
3. Pendelschritt nach rechts – mehrere Linksdrehungen – Pendelschritt nach links und rechts
4. Für fortgeschrittene Tänzer: Mehrere Rechtsdrehungen – ein Pendelschritt von 1 – 3 nach rechts – mehrere Linksdrehungen – ein Pendelschritt von 4 – 6 nach links – mehrere Rechtsdrehungen – usw.

Die Linksdrehung

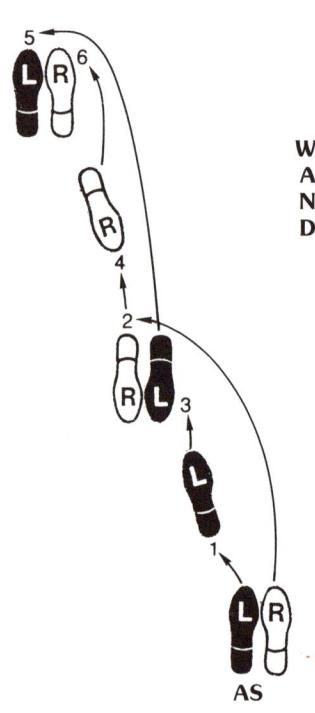

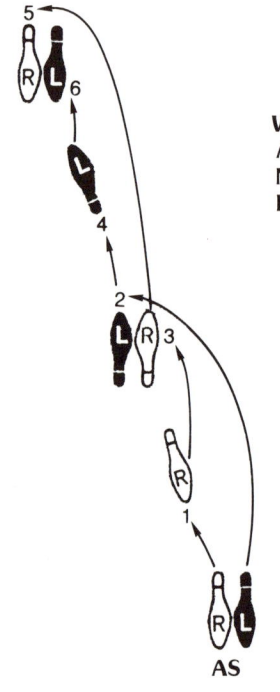

1. LF schräg vorwärts, nach links drehen
2. RF seitwärts weiter nach links drehen, kleiner Schritt
3. LF schließt zum RF, oder kreuzt vor dem RF, 1/2 Linksdrehung beenden
4. RF schräg rückwärts nach links drehen
5. LF seitwärts weiter nach links drehen
6. RF schließt zum LF, 1/2 Linksdrehung beenden

1. RF schräg rückwärts nach links drehen
2. LF seitwärts weiter nach links drehen
3. RF schließt zum LF, 1/2 Linksdrehung beenden
4. LF schräg vorwärts, nach links drehen
5. RF seitwärts weiter nach links drehen, kleiner Schritt
6. LF schließt zum RF, oder kreuzt vor dem RF, 1/2 Linksdrehung beenden

3

4

2

5

1

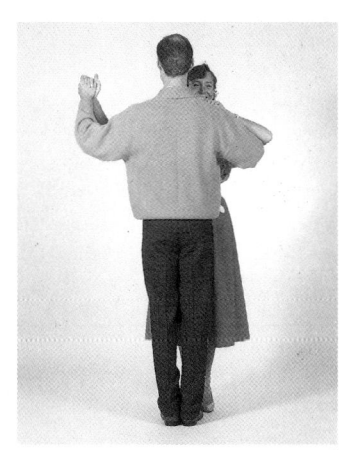

6

Foxtrott

Taktart
4/4 Takt, für einen langsamen Schritt jeweils 2 Taktteile, für einen schnellen Schritt 1 Taktteil.

Tempo
Von 36 bis 52 Takte/Min.

Tanzrichtung
Der Herr beginnt mit der Front zu der Wand, der er am nächsten steht. Die beiden Gehschritte gehen dann immer auf die Wand zu, oder rückwärts zur Mitte. Bewegen Sie sich seitwärts in Tanzrichtung.

Rhythmus
1 Langsam – 2 Langsam – 3 Schnell – 4 Schnell – 5 Langsam – 6 Langsam – 7 Schnell – 8 Schnell

Diese 8 Schritte können Sie auch leicht drehend tanzen; der Herr beginnt dann nicht mit der Front genau zur Wand, er nimmt die Ausgangsstellung schräg vorwärts zur Wand ein. Er dreht sich dann mit seiner Partnerin im ersten Teil (Schritte 2 bis 4) leicht nach rechts und im zweiten Teil (Schritte 6 bis 8) leicht nach links. Diese Schritte werden als Vierteldrehungen bezeichnet. Es empfiehlt sich jedoch am Anfang ohne Drehung zu üben, das Drehen kommt bei einiger Übung praktisch von allein hinzu. Wird die Musik sehr schnell gespielt, oder ist sie im 2/4 Takt marschartig interpretiert, dann werden alle 8 Schritte im gleichen Rhythmus getanzt.

Der Grundschritt

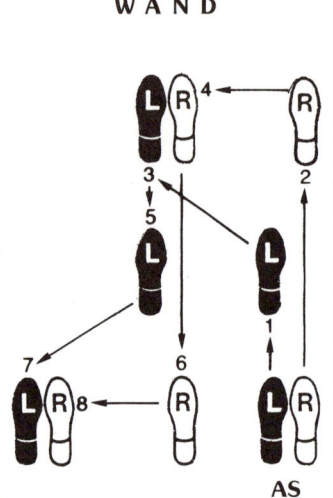

WAND

WAND

1. LF vorwärts	L	
2. RF vorwärts	L	
3. LF seitwärts	S	
4. RF schließt zum LF	S	
5. LF rückwärts	L	
6. RF rückwärts	L	
7. LF seitwärts	S	
8. RF schließt zum LF	S	

1. RF rückwärts	L	
2. LF rückwärts	L	
3. RF seitwärts	S	
4. LF schließt zum RF	S	
5. RF vorwärts	L	
6. LF vorwärts	L	
7. RF seitwärts	S	
8. LF schließt zum RF	S	

8

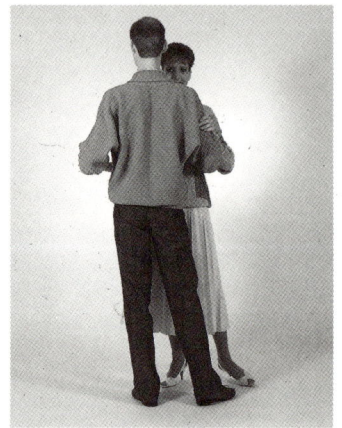

7

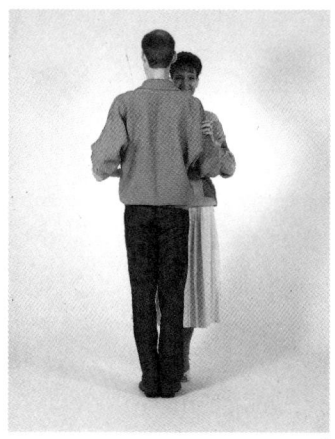

4

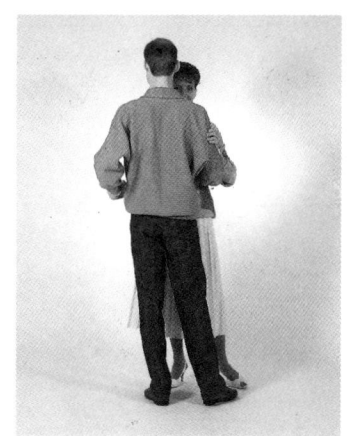

3

2

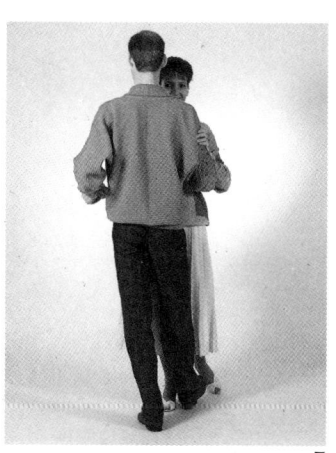

5

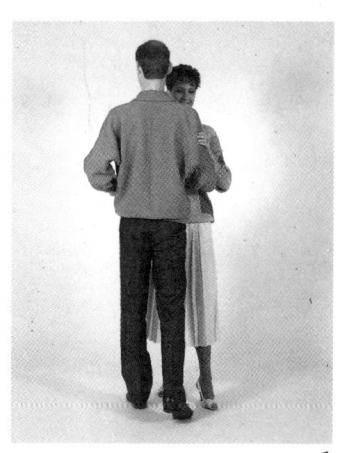

1

6

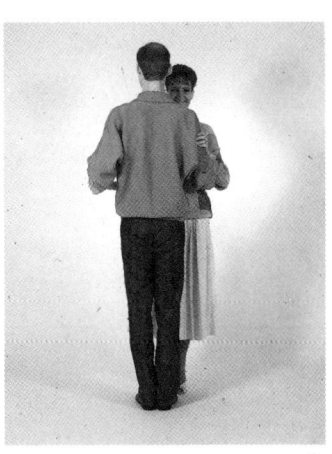

A

■ Diese Linksdrehung, auch Achsen-Linksdrehung genannt, sollte zunächst mehrmals allein geübt werden. Sie ist ähnlich der entsprechenden Drehung, die im Blues beschrieben wird. Später wenn Sie mehr Fertigkeit erworben haben, schaffen Sie ohne weiteres eine halbe Drehung. Wenn Sie diese Linksdrehung ansetzen wollen, müssen Sie sich bei den Schritten 6 bis 8 des Grundschrittes soweit zur Mitte links herumdrehen, daß dann Schritt 1 der Linksdrehung bequem zur Mitte gesetzt werden kann.

Auf jeden Fall in der Drehung soweit drehen, daß danach vorwärts zur Wand die Schritte 1 bis 4 des Grundschrittes getanzt werden können.

Die Wiegeschritt-Drehung vorwärts mit dem linken Fuß

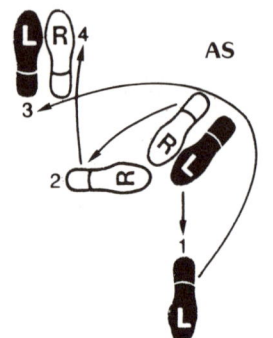

WAND

AS

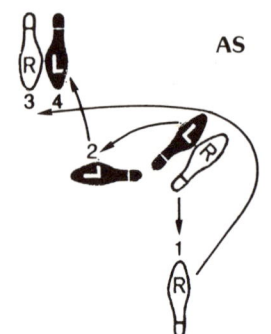

WAND

AS

1. LF schräg vorwärts zur Mitte L
2. RF wieder belasten, weiter nach links drehen   L
3. LF seitwärts, weiter nach links drehen   S
4. RF schließt zum LF, jetzt Front zur Wand   S

1. RF schräg rückwärts zur Mitte   L
2. LF wieder belasten, weiter nach links drehen   L
3. RF seitwärts, weiter nach links drehen   S
4. LF schließt zum RF, jetzt Rücken zur Wand   S

 4

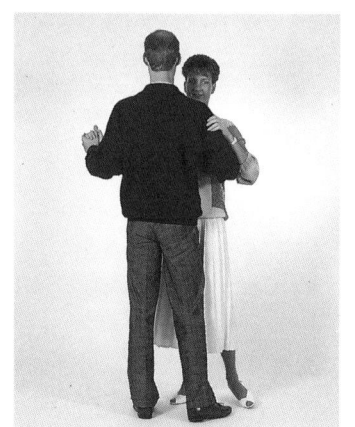 3

 2

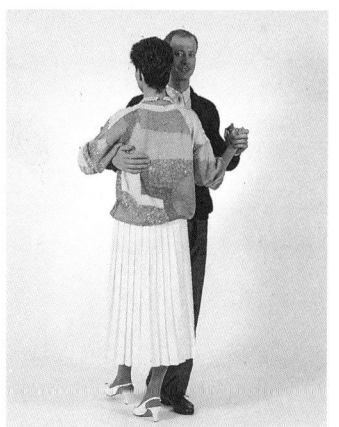 1

■ Diese Rechtsdrehung, auch Rechtsachsendrehung genannt, können Sie mehrmals hintereinander tanzen. Sie ist ähnlich der entsprechenden Drehung, die im Blues beschrieben wird. Später, wenn Sie mehr Übung haben, schaffen Sie spielend 1/2 Drehung.

Wenn Sie diese Rechtsdrehung ansetzen wollen, müssen Sie sich bei den Schritten 2 bis 4 des Grundschrittes soweit nach rechts drehen, daß dann Schritt 1 der Rechtsdrehung bequem zur Wand rückwärts angesetzt werden kann.

Es ist eine internationale stillschweigende Vereinbarung der Tänzer, daß nach einer Rechtsdrehung der Herr rückwärts weitertanzt und nach einer Linksdrehung vorwärts. So können Zusammenstöße mit benachbarten Paaren vermieden werden.

Mögliche Schrittverbindungen

1. Jede Figur kann beliebig oft hintereinander getanzt werden
2. Grundschritt 1. Teil – dann Rechtsdrehung mit Wiegeschritt LF rückwärts. – Grundschritt 2. Teil
3. Grundschritt – dann Linksdrehung mit Wiegeschritt LF vorwärts. – Grundschritt 1. Teil

Die Wiegeschritt-Drehung rückwärts mit dem linken Fuß

WAND

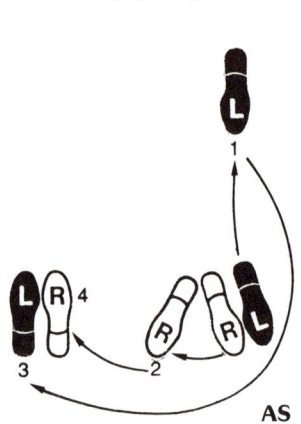

WAND

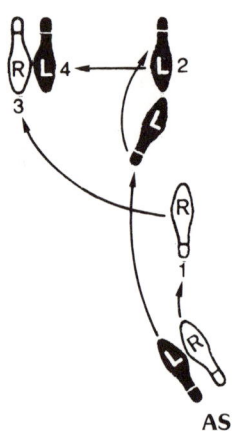

AS

AS

1. LF schräg rückwärts zur Wand nach rechts drehen   L
2. RF wieder belasten, weiter nach rechts drehen   L
3. LF seitwärts, weiter nach rechts drehen   S
4. RF schließt zum LF, jetzt Front zur Wand   S

1. RF vorwärts zwischen die Füße des Herrn nach rechts drehen   L
2. LF vorwärts um den Herrn herumgehen   L
3. RF seitwärts, weiter nach rechts drehen   S
4. LF schließt zum RF, jetzt Rücken zur Wand   S

Marschfoxtrott

Taktart
2/4 Takt. Auf jeden Taktschlag einen Schritt setzen.

Tempo
60 Takte/Min.

Tanzrichtung
Wie Foxtrott

Rhythmus
Alle Schritte im gleichen Rhythmus. Zählen Sie 1, 2, 3, 4, 5, 6, 7, 8 und tanzen Sie genau die gleichen Figuren wie im Foxtrott, also: nach einem Grundschritt folgen.

Rechtsdrehung mit Wiegeschritt LF rückwärts und Linksdrehung mit Wiegeschritt LF vorwärts. Es gibt verhältnismäßig viel Musik in diesem Tempo. Insbesondere amerikanische Kapellen spielen viele Schlager in dieser Art. Ältere Tänzer tanzen darauf oft den in den 30er Jahren populären Swing, obwohl das keine Swing-Musik ist.

 4

 3

 2

 1

Tango

Taktart

2/4 Takt, für einen langsamen Schritt jeweils 2 Taktteile, für einen schnellen Schritt 1 Taktteil.

Tempo

33 bis 35 Takte/Min.

Tanzrichtung

Der Herr beginnt mit der Front zur Wand, der er am nächsten steht. Die beiden Gehschritte dann immer auf die Wand zu oder rückwärts zur Mitte setzen. Promenaden tanzen Sie entlang der Tanzrichtung, oder etwas schräg in die Mitte. Sie bewegen sich hauptsächlich seitwärts in Tanzrichtung.

Rhythmus

1 Langsam – 2 Langsam – 3 Schnell – 4 Schnell – 5 Langsam – 6 Schnell – 7 Schnell – 8 Langsam

■ Bei den Schritten 3 – 4 tanzen Sie einen Wiegeschritt. Manche Tänzer verwenden auch einen Wechselschritt, das ist zwar nicht typisch für den Tango; wenn es aber leichter fällt und mehr Spaß macht, ist dagegen nichts einzuwenden.

Der Rhythmus bereitet vielen erstaunliche Schwierigkeiten, dabei ist lediglich der Schritt 6 schnell zu tanzen und bei 8 (Füße schließen) bleiben Sie einen Moment stehen. Manche tanzen über den Schritt 8 hinweg und bewegen sich dann wie im Foxtrott. Eigentlich zu schade für den interessanten Tango-Rhythmus. Die ruckartigen Bewegungen, die Sie bei Turniertänzern oft sehen, werden im WTP natürlich nicht gemacht, auch nicht die oft zu sehenden Kopfbewegungen der Turnierpaare.

Die Tanzhaltung kann kompakter sein, die Dame sollte jedoch etwas weiter links im rechten Arm des Herrn stehen. Sie kann, wenn sie diese Haltung bevorzugt, ihre linke Hand unter seinem rechten Oberarm in seiner Achselhöhle plazieren. Diese Haltung muß aber nicht unbedingt eingenommen werden, wenn Sie Tango tanzen wollen. Sie können aber ohne weiteres bei der üblichen Standardtanzhaltung bleiben.

Foto S. 32: Knief/Schultz; Dritte bei der Deutschen Meisterschaft über 10 Tänze 1988.

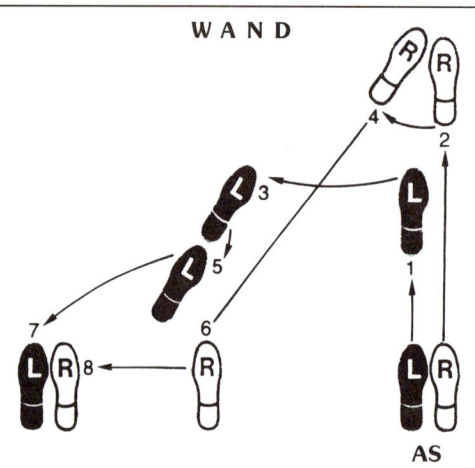

Der Grundschritt (auch Wiegeschritt-Drehung genannt)

WAND	**WAND**

1. LF vorwärts	L	**1.** RF rückwärts	L
2. RF vorwärts	L	**2.** LF rückwärts	L
3. Lf schräg rückwärts	S	**3.** RF schräg vorwärts	S
4. RF wieder belasten	S	**4.** LF wieder belasten	S
5. Lf rückwärts verlängern	L	**5.** RF vorwärts verlängern	L
6. RF rückwärts	S	**6.** LF vorwärts	S
7. Lf seitwärts	S	**7.** RF seitwärts	S
8. RF schließt zum LF	L	**8.** LF schließt zum RF	L

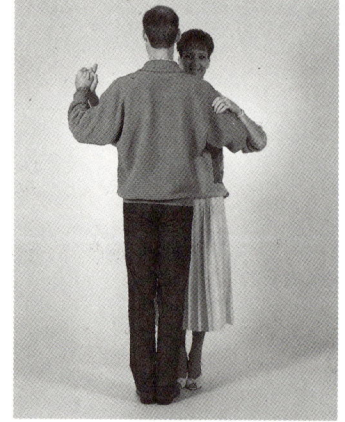

8

7

4

3

2

5

1

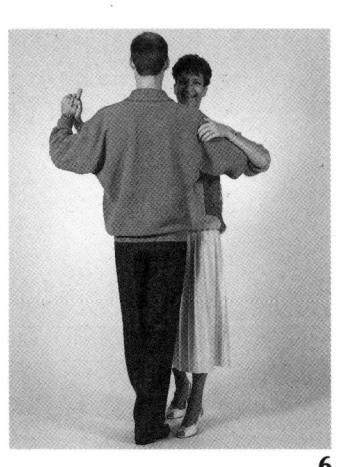

6

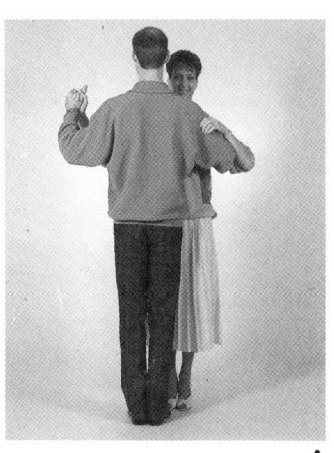

A

8   **7**   **6**

Zwei Gehschritte – Tango Link-Promenade

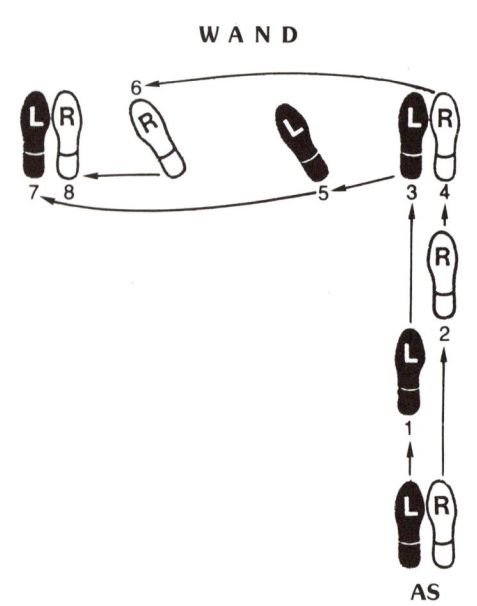

WAND

WAND

AS

AS

1. LF vorwärts	L
2. RF vorwärts	L
3. LF vorwärts	S
4. RF schließt zum LF	S
5. LF seitwärts in Promenadenstellung	L
6. RF vorwärts überkreuzen	S
7. LF seitwärts	S
8. RF schließt zum LF in Gegenüberstellung	L

1. RF rückwärts	L
2. LF rückwärts	L
3. RF rückwärts	S
4. LF schließt zum RF	S
5. RF seitwärts in Promenadenstellung	L
6. LF vorwärts überkreuzen	S
7. RF seitwärts	S
8. LF schließt zum RF in Gegenüberstellung	L

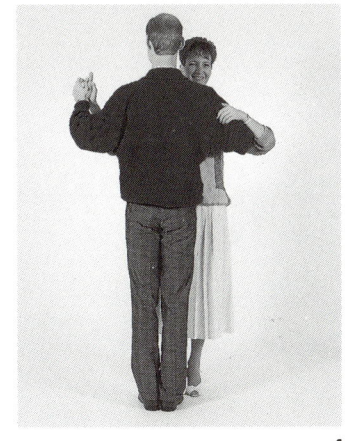

5   4   3

■ Die Promenadenstellung ist typisch für den Tango. Für die Promenade wird die Tanzhaltung V-förmig geöffnet; der Herr dreht die linke Seite etwas zurück, die Dame die rechte Seite. Bitte nicht bis zu einer Nebeneinanderstellung öffnen, wie beim normalen Spazierengehen.

Die Promenade können Sie auch tanzen, ohne daß die Gehschritte und der Link vorweggetanzt wurden. Beginnen Sie dann aus der Stellung Nr. 8 des Grundschrittes und setzen Sie die Schritte 5 bis 8, wie oben beschrieben. Natürlich können Sie auch mehrere Promenaden hintereinander tanzen, wenn genügend Platz vorhanden ist und wenn der Schritt Spaß macht. Der Rhythmus ist dann: Langsam – Schnell – Schnell – Langsam.

Im WTP sind für den Tango keine Drehungen festgelegt worden, weil diese verhältnismäßig schwierig sind. Viele Tänzer behelfen sich damit, daß sie die Wiegeschritt-Drehung mit dem LF rückwärts aus dem Foxtrott tanzen, allerdings im Rhythmus

des Tango, also Langsam-Schnell-Schnell-Langsam. Nach dieser Drehung kann der Herr entweder LF rückwärts (Langsam) – RF rückwärts (Schnell) – LF seitwärts (Schnell) – RF schließt zum LF (Langsam) tanzen, oder er geht nach der Drehung in die Schritte 5 – 8 (LF seitwärts in Promenadenstellung) der Promenade.

Mögliche Schrittverbindungen

1. Jede Figur kann für sich beliebig oft wiederholt werden
2. Grundschritt – 2 Gehschritte Tango Link-Promenade
3. In die Rechtsdrehung – Grundschritt
4. Nach jedem Füßeschließen beliebig oft die Schritte 5 bis 8 der Promenade tanzen. Langsam – Schnell – Schnell – Langsam. Danach für den Herrn LF vorwärts in den Grundschritt oder in die Rechtsdrehung

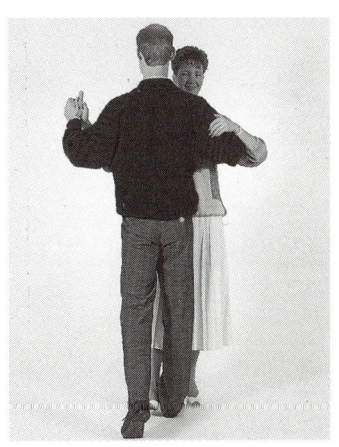

2

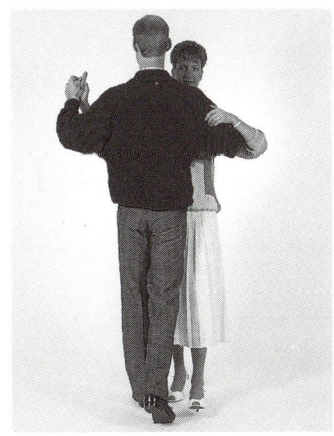

1

Blues

Taktart

4/4 Takt, für einen langsamen
Schritt jeweils 2 Taktteile, für
einen schnellen Schritt 1 Taktteil.

Tempo

Von 18 bis 30 Takte/Min.
(28 – 30 T/Min. entspricht dem
Langsamen Foxtrott).

Tanzrichtung

Der Herr beginnt mit der Front
zu der Wand, der er am nächsten steht. Die Bewegung geht
dann für ihn seitwärts nach links,
für die Dame nach rechts.

Rhythmus

1 Langsam – 2 Langsam –
3 Schnell – 4 Schnell

■ Die Schritte 1 und 2 werden
als Wiegeschritt seitwärts
bezeichnet. Bei 2 wird der Fuß
nicht vom Platz bewegt.
Die Hüften schwingen bei diesem Wiegeschritt jeweils leicht zu
der Seite, zu der Sie sich bewegen, die Knie sind locker und
bewegen sich mit. Setzen Sie
nur kleine Schritte.

Der Seitschritt

W A N D

W A N D

AS

AS

1. LF seitwärts — L
2. RF wieder belasten — L
3. LF ein wenig mehr nach
   links bewegen — S
4. RF schließt zum LF — S

1. RF seitwärts — L
2. LF wieder belasten — L
3. RF ein wenig mehr nach
   rechts bewegen — S
4. LF schließt zum RF — S

1

2

3

4

Beim Wiegeschritt drehen Sie sich leicht links herum und zwar durch Wiederholung der Schritte solange, bis der Herr wieder mit dem Gesicht zur Wand schaut. Nicht schnell drehen! Beachten Sie bitte, daß der linke Fuß immer neben dem rechten Fuß des Partners außen vorbeigesetzt wird. (Siehe Erklärung unter Führen und Anpassen, S. 9/10!)

Der Wiegeschritt vorwärts mit dem linken Fuß

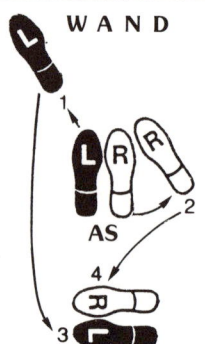

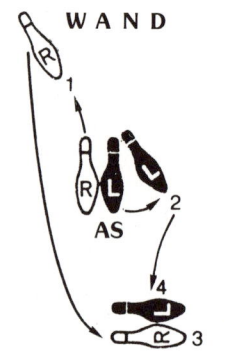

1. LF vorwärts etwas nach links	L
2. RF wieder belasten	L
3. LF seitwärts, weiter nach links drehen	S
4. LF schließt zum RF	S

1. RF rückwärts etwas nach rechts	L
2. LF wieder belasten	L
3. RF seitwärts weiter nach links drehen	S
4. LF schließt zum RF	S

1

2

3

4

■ Auch bei diesem Wiegeschritt drehen Sie sich leicht rechts herum und zwar durch Wiederholung der Schritte solange, bis der Herr wieder mit dem Gesicht zur Wand steht. Nicht schnell drehen!
Beachten Sie bitte, daß der rechte Fuß immer zwischen den Füßen des Partners bleibt.

Mögliche Schrittverbindungen

1. Mehrmals den Seitschritt – mehrmals den Wiegeschritt vorwärts mit dem LF im Linksdrehen
2. Mehrmals den Seitschritt – mehrmals den Wiegeschritt rückwärts mit dem LF im Rechtsdrehen
3. Mehrmals den Wiegeschritt mit dem LF vorwärts im Linksdrehen, direkt in den Wiegeschritt mit dem LF rückwärts im Rechtsdrehen – mehrmals den Seitschritt

---

Der Wiegeschritt rückwärts mit dem linken Fuß

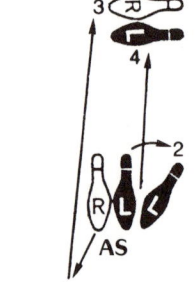

W A N D

W A N D

1. LF rückwärts etwas nach links	L
2. RF wieder belasten	L
3. LF seitwärts weiter nach rechts drehen	S
4. RF schließt zum LF	S

1. RF vorwärts etwas nach rechts	L
2. LF wieder belasten	L
3. RF seitwärts weiter nach rechts drehen	S
4. LF schließt zum RF	S

 4

 3

 2

 1

Rumba

Taktart
4/4 Takt, den langsamen Schritt auf die Taktschläge 1 und 2.

Tempo
28 bis 30 Takte/Min. (Wird in Amerika jedoch auch viel schneller gespielt, bei uns jedoch wie angegeben).

Tanzrichtung
Der Herr beginnt mit der Front in Tanzrichtung.

Rhythmus
1 Langsam – 2 Schnell – 3 Schnell – 4 Langsam – 5 Schnell – 6 Schnell

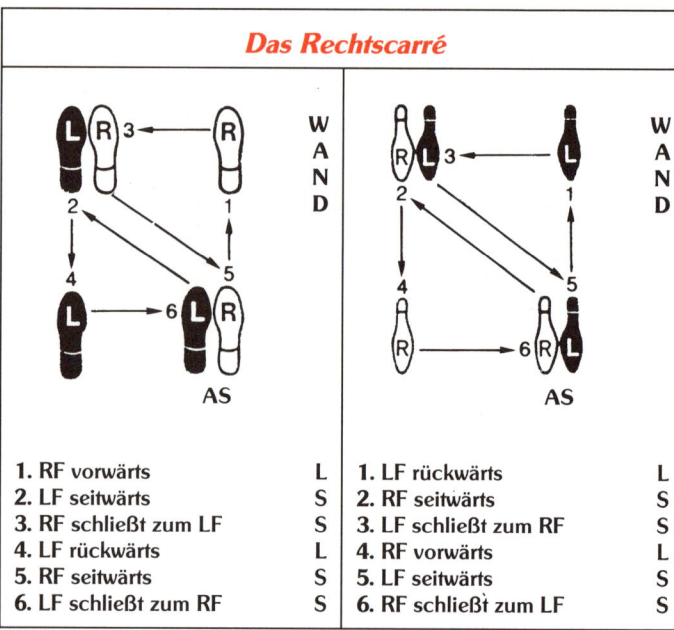

Das Rechtscarré

1. RF vorwärts		L
2. LF seitwärts		S
3. RF schließt zum LF		S
4. LF rückwärts		L
5. RF seitwärts		S
6. LF schließt zum RF		S

1. LF rückwärts		L
2. RF seitwärts		S
3. LF schließt zum RF		S
4. RF vorwärts		L
5. LF seitwärts		S
6. RF schließt zum LF		S

Die Tanzhaltung der Lateinamerikanischen Tänze unterscheidet sich von der der Standardtänze dadurch, daß der Herr seine linke Hand mit der gefaßten rechten Hand der Dame etwas höher hält. Die Partner stehen etwas auf Abstand, also nicht in Körperkontakt. Der Grund hierfür: Die Dame führt oft Solodrehungen unter dem erhobenen linken Arm des Herrn aus. Die rechte Hand des Herrn liegt auf dem linken Schulterblatt der Dame.
Alle Vorwärtsschritte werden mit dem *Ballen* angesetzt, dann wird die Ferse zum Boden gebracht. Diese Fußarbeit ist typisch für Lateinamerikanische Tänze, sie unterstützt die Hüftbewegungen, die so charakteristisch für diese Tänze sind. Im WTP-Tanzstil empfiehlt es sich jedoch nicht, diese Hüftbewegungen schon von Beginn an zu tanzen; bei mehr Übung kommen sie praktisch von allein dazu.
Keine raumgreifenden Bewegungen tanzen. Rumba ist fast ein *Platztanz*; vor allem die Seitwärtsschritte sind sehr klein. Wenn Sie das nicht beachten, sieht die Rumba fast einem Langsamen Walzer ähnlich und das wäre schade, wenn Sie nach der rhythmisch und musikalisch so reizvollen Rumba-Musik einen falschen Tanzstil anwenden.

4

3

5

2

6

1

Die Rechtsdrehung

1. RF schräg vorwärts	L
2. LF seitwärts, 1/4 Rechtsdrehung	S
3. RF schließt zum LF	S
4. LF schräg rückwärts	L
5. RF seitwärts, 1/4 Rechtsdrehung	S
6. LF schließt zum RF	S

1. LF schräg rückwärts	L
2. RF seitwärts, 1/4 Rechtsdrehung	S
3. LF schließt zum RF	S
4. RF schräg vorwärts	L
5. LF seitwärts, 1/4 Rechtsdrehung	S
6. RF schließt zum LF	S

Mit diesen 6 Schritten führen Sie eine halbe Rechtsdrehung aus. Der Herr steht nun mit der Front gegen die Tanzrichtung. Wiederholen Sie nun diese Schritte noch einmal, dann enden Sie als Herr nach dem 6. Schritt wieder mit der Front in Tanzrichtung. Insgesamt machen Sie also vier 1/4 Rechtsdrehungen, jeweils auf 3 Schritte 1/4 Drehung.

 4

 3

 5

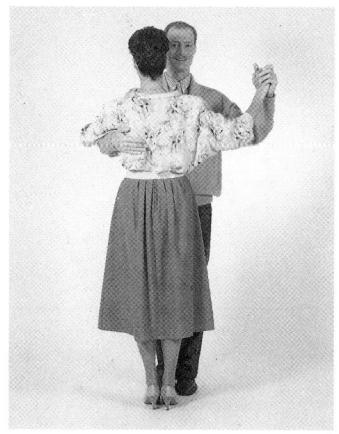 2

 6

1

■Dieser Schritt bildet den
Übergang zwischen der Rechts-
und der Linksdrehung. Wenn Sie
die Schritte 1 bis 3 tanzen, können Sie sofort in die Linksdrehung gehen, tanzen Sie 4 bis 6,
kann die Rechtsdrehung folgen.
Wenn Sie alle 6 Schritte tanzen,
können Sie mit dem Rechtscarré
oder mit der Rechtsdrehung
folgen.

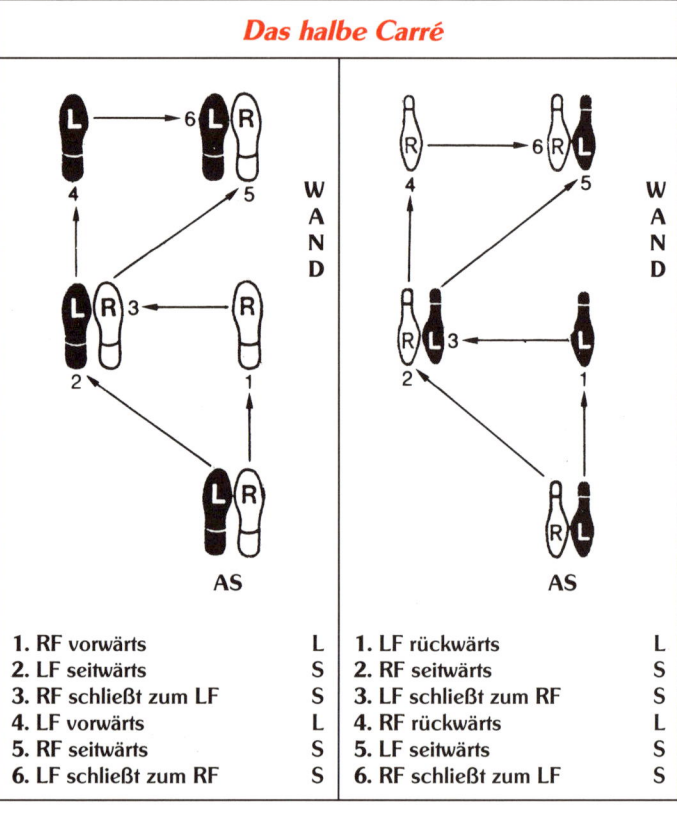

Das halbe Carré

1. RF vorwärts	L	1. LF rückwärts	L
2. LF seitwärts	S	2. RF seitwärts	S
3. RF schließt zum LF	S	3. LF schließt zum RF	S
4. LF vorwärts	L	4. RF rückwärts	L
5. RF seitwärts	S	5. LF seitwärts	S
6. LF schließt zum RF	S	6. RF schließt zum LF	S

6

3

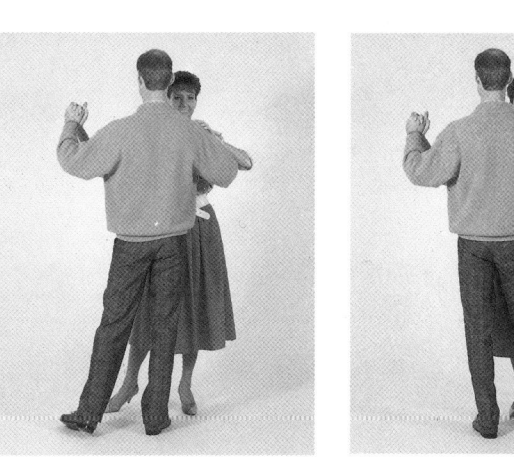

5

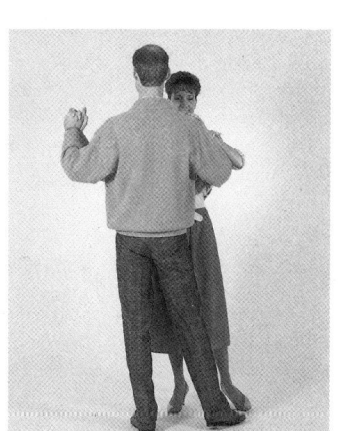

2

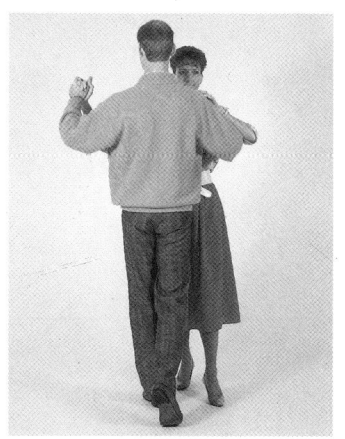

4

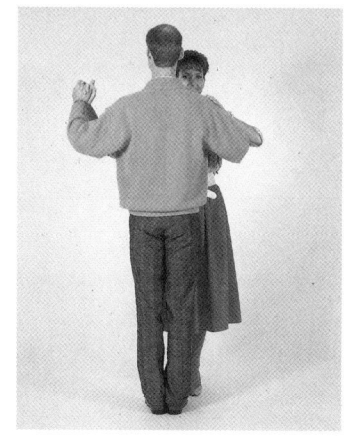

1

WAND

AS

WAND

AS

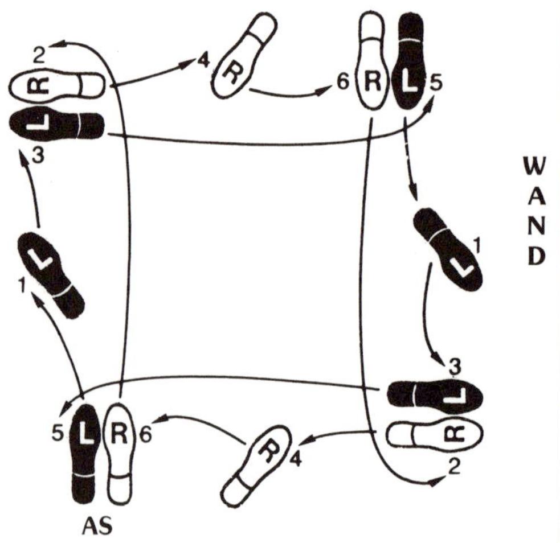

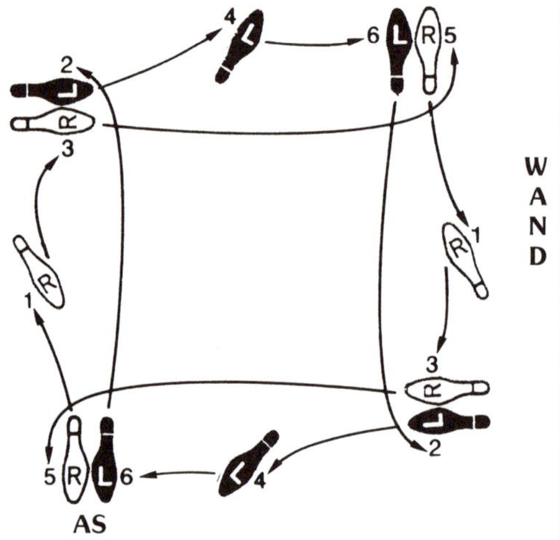

1. LF schräg vorwärts	L
2. RF seitwärts, 1/4 Linksdrehung	S
3. LF schließt zum RF	S
4. RF schräg rückwärts	L
5. LF seitwärts, 1/4 Linksdrehung	S
6. RF schließt zum LF	S

1. RF schräg rückwärts	L
2. LF seitwärts, 1/4 Linksdrehung	S
3. RF schließt zum LF	S
4. LF schräg vorwärts	L
5. RF seitwärts, 1/4 Linksdrehung	S
6. LF schließt zum RF	S

Beachten Sie bitte wiederum, daß der linke Fuß vorwärts nicht zwischen die Füße des Partners gesetzt werden darf, sondern außen daneben. Mit den Schritten 1 bis 6 haben Sie 1/2 Linksdrehung ausgeführt und stehen nun als Herr mit der Front gegen die Tanzrichtung. Wiederholen Sie diese Schritte noch einmal, dann enden Sie nach dem 6. Schritt als Herr wieder mit der Front in Tanzrichtung. Insgesamt machen Sie also vier 1/4 Linksdrehungen, jeweils auf 3 Schritte 1/4 Drehung.

3

4

2

5

1

6

■ Dieser Wiegeschritt dient gleichzeitig als Vorübung für fortgeschrittene Tänzer, die die Rumba im sogenannten kubanischen Stil tanzen wollen. Im Turniertanzen ist er die Grundbewegung; allerdings werden die Schritte dann auf andere Taktteile verlegt. Die langsamen Bewegungen werden dann auf das 4. und 1. Viertel zweier Takte, die schnellen Bewegungen jeweils auf das 2. und 3. Viertel getanzt. Dies ist aber für das WTP nicht erforderlich.

Mögliche Schrittverbindungen

1. Jede Figur kann beliebig oft getanzt werden
2. Das Rechtscarré direkt in die Rechtsdrehung
3. Das Rechtscarré direkt in den Wiegeschritt
4. Das Rechtscarré – 1 bis 6 halbes Carré – Rechtsdrehung
5. Das Rechtscarré – 1 bis 3 halbes Carré – Linksdrehung – 4 bis 6 halbes Carré – Rechtsdrehung

Der Wiegeschritt vorwärts und rückwärts

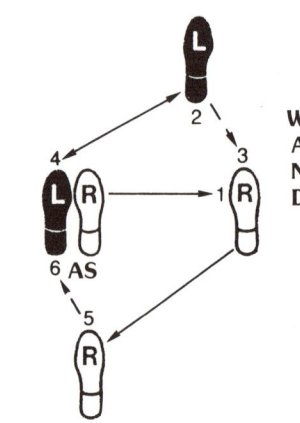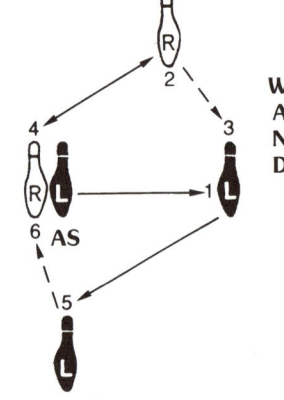

1. RF seitwärts	L
2. LF vorwärts	S
3. RF wieder belasten	S
4. LF seitwärts	L
5. RF rückwärts	S
6. LF wieder belasten	S

1. LF seitwärts	L
2. RF rückwärts	S
3. LF wieder belasten	S
4. RF seitwärts	L
5. LF vorwärts	S
6. RF wieder belasten	S

4

3

2

5

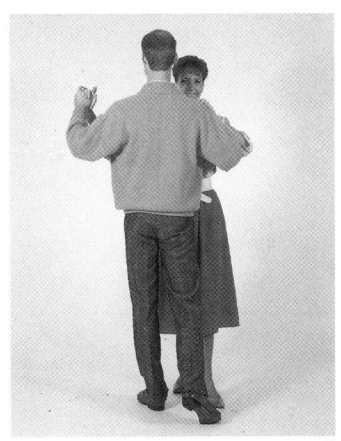

6

1

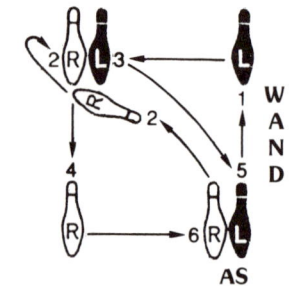

Damensolo

1. LF rückwärts   L
2. RF vorwärts unter dem
   linken Arm des Herrn
   nach rechts drehen   S
3. LF schließt zum RF,
   wieder in Gegenüber-
   stellung zum Herrn   S
4. – 6 wie Rechtscarré   LSS

■ Während die Dame das Solo
unter der erhobenen linken
Hand des Herrn ausführt, tanzt
der Herr die Schritte 1 bis 6 des
Rechtscarrés.
Bei Schritt 1 die linke Hand erheben, bei Schritt 2 mit der rechten Hand die Dame in die Drehung führen, dann die rechte
Hand vom Rücken der Dame
lösen, bei Schritt 3 Tanzhaltung
wieder einnehmen.
Die Dame dreht bei Schritt 2 auf
dem Ballen des rechten Fußes.
Der Herr darf die Dame nicht
mit seiner linken Hand führen,
sie muß sich selbst drehen, um
ihre Balance halten zu können.
Auch mit seiner rechten Hand
darf er sie nicht drücken, er gibt
ihr lediglich einen ganz leichten
Impuls für die Solodrehung.

4

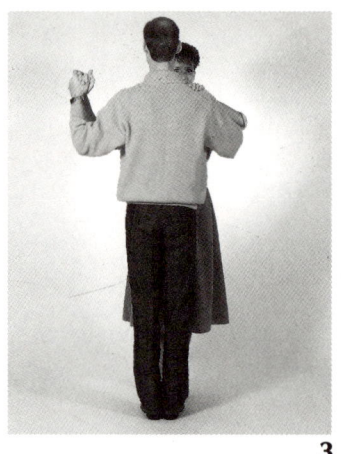

3

5

2

6

1

Cha-Cha-Cha

Taktart
4/4 Takt, für die Schritte 1, 2, 3, und 4, 5, 6 jeweils 1 Taktschlag, auf jedes Cha 1/2 Taktschlag.

Tempo
32 bis 34 Takte/Min.

Tanzrichtung
Beliebig, da der Cha-Cha-Cha am Platz getanzt wird. Es empfiehlt sich jedoch, zum Üben für den Herrn mit der Front in Tanzrichtung Aufstellung zu nehmen, die Dame in Gegenüberstellung. Lateinamerikanische Tanzhaltung wie in der Rumba.

Rhythmus
1 – 2 – 3 – Cha-Cha, 4 – 5 – 6 – Cha-Cha entsprechend:
Langsam – Langsam – Langsam – Schnell/Schnell, Langsam – Langsam – Langsam – Schnell/Schnell

■ Der Tanz wird Cha-Cha-Cha genannt, obwohl es eigentlich richtiger wäre, nur Cha-Cha zu sagen. Die Bewegungsrichtung des Cha-Cha-Cha ist hauptsächlich seitwärts nach rechts und links. Fast alle Figuren sind danach aufgebaut. Im Gegensatz dazu bewegt sich der Mambo diagonal vorwärts und rückwärts, er wird bei uns in Europa aber kaum getanzt.
Cha-Cha-Cha-Musik ist sehr lebhaft; daher ist es ratsam die Schritte möglichst klein zu tanzen. Jeweils bei den Schritten 1, 2, 3 und 4, 5, 6 wenden fortgeschrittene Tänzer und Tänzerinnen eine Hüftbewegung wie in der Rumba an. Sie entsteht dadurch, daß das Knie des belasteten Beines durchgedrückt wird. Am Anfang sollten Sie diese Bewegung nicht üben; Sie kommen später von selbst darauf.
Alle Schritte werden mit dem flachen Fuß gesetzt, die Ferse muß den Boden berühren, wenn das Gewicht auf dem Fuß ist.

Der Grundschritt

1. RF seitwärts	1
2. LF schließt zum RF	2
3. RF am Platz aufsetzen	3
4. LF seitwärts nach links	Cha
5. RF schließt zum LF	Cha
6. LF seitwärts	4
7. RF schließt zum LF	5
8. LF am Platz aufsetzen	6
9. RF seitwärts nach rechts	Cha
10. LF schließt zum RF	Cha

1. LF seitwärts	1
2. RF schließt zum LF	2
3. LF am Platz aufsetzen	3
4. RF seitwärts nach rechts	Cha
5. LF schließt zum RF	Cha
6. RF seitwärts	4
7. LF schließt zum RF	5
8. RF am Platz aufsetzen	6
9. LF seitwärts nach links	Cha
10. RF schließt zum LF	Cha

Cha

Cha

4

5

6

3

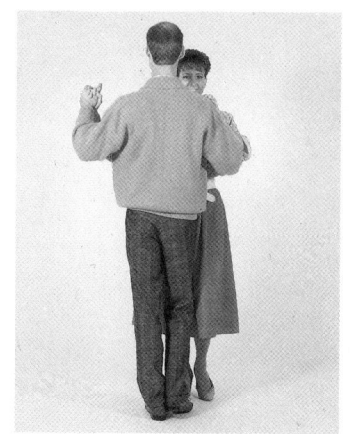

2

1

Cha

Cha

6   **5**   **4**

■ Während die Dame das Solo unter der erhobenen linken Hand des Herrn ausführt, tanzt der Herr die 10 Grundschritte. Bei Schritt 6 (linker Fuß seitwärts) hebt er den linken Arm etwas höher, damit die Dame unter seiner linken Hand drehen kann. Die rechte Hand der Dame dabei nicht festhalten. Die Dame macht eine ganze Drehung während des Solos. Sie dreht hauptsächlich bei Schritt 7 auf dem flachen Ballen nach rechts und auch bei Schritt 8. Der Herr löst die rechte Hand vom Rücken der Dame bei Schritt 6, wenn die Dame zu drehen beginnt, auf keinen Fall die Dame schieben oder drükken; sie führt ihre Drehung völlig allein aus. Das Zeichen für die Dame zu drehen ist das Erheben der linken Hand des Herrn.

Cha

Cha

Damensolo

1 – 5 Grundschritt	**1, 2, 3, Cha, Cha**
6. RF vorwärts nach rechts drehen	**4**
7. LF vorwärts, weiter nach rechts drehen	**5**
8. RF belasten und darauf so weit nach rechts drehen, bis Front zum Herrn	**6**
9. LF seitwärts nach links	**Cha**
10. RF schließt zum LF	**Cha**

Die Gegenpromenade und die Promenade

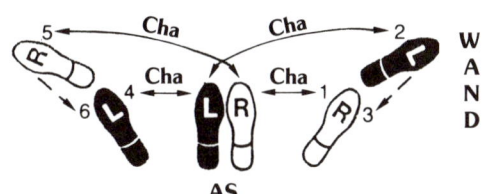

1. RF seitwärts in Gegenpromenadenstellung,
rechte Hand vom Rücken der Dame lösen 1
2. LF vorwärts und überkreuzen 2
3. RF wieder belasten 3
4. LF seitwärts nach links, mit der rechten Hand
die linke Hand der Dame fassen, zueinander
drehen Cha
5. RF schließt zum LF Cha
6. LF seitwärts in Promenadenstellung zur Mitte,
linke Handhaltung lösen 4
7. RF vorwärts und überkreuzen 5
8. LF wieder belasten 6
9. RF seitwärts nach rechts zueinander drehen Cha
10. LF schließt zum RF Cha

1. LF seitwärts in Gegenpromenadenstellung, linke
Hand vom Oberarm des Herrn lösen 1
2. RF vorwärts und überkreuzen 2
3. LF wieder belasten 3
4. RF seitwärts nach rechts, dem Herrn die linke
Hand reichen, zueinander drehen Cha
5. LF schließt zum RF Cha
6. RF seitwärts in Promenadenstellung zur Mitte,
rechte Handhaltung lösen 4
7. LF vorwärts und überkreuzen 5
8. RF wieder belasten 6
9. LF seitwärts nach links zueinander drehen Cha
10. RF schließt zum LF Cha

■ Diese Figur können Sie beliebig oft wiederholen. Wenn Sie das wollen, müssen Sie immer die Handhaltung bei den Cha-Cha Schritten wechseln.
Wollen Sie aufhören, gehen Sie als Herr mit dem rechten Fuß, Dame mit dem linken Fuß seitwärts in einen Grundschritt und nehmen die normale Tanzhaltung wieder ein.

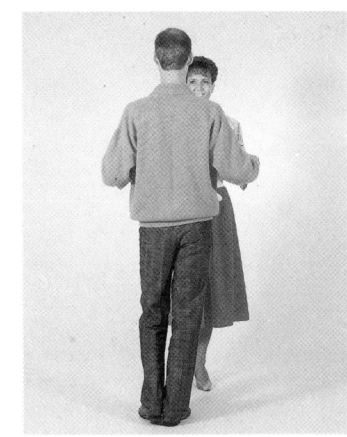

Cha

Cha

4

5

6

3

2

1

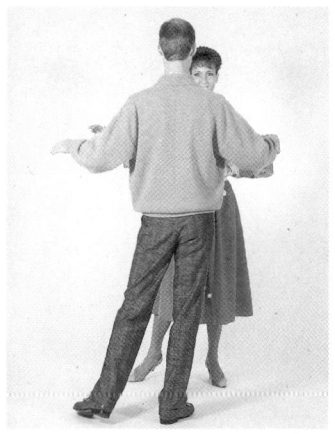

Cha

Cha

Der Wiegeschritt vorwärts und rückwärts

1. RF seitwärts	1
2. LF vorwärts	2
3. RF wieder belasten	3
4. LF seitwärts nach links	Cha
5. RF schließt zum LF	Cha
6. LF seitwärts	4
7. RF rückwärts	5
8. LF wieder belasten	6
9. RF seitwärts nach rechts	Cha
10. LF schließt zum RF	Cha

1. LF seitwärts	1
2. RF rückwärts	2
3. LF wieder belasten	3
4. RF seitwärts nach rechts	Cha
5. LF schließt zum RF	Cha
6. RF seitwärts	4
7. LF vorwärts	5
8. RF wieder belasten	6
9. LF seitwärts nach links	Cha
10. RF schließt zum LF	Cha

■ Die Schritte 2, 3 und 7, 8 sind die Wiegeschritte, einmal für den Herrn vorwärts, für die Dame rückwärts, im zweiten Teil dann umgekehrt. Dieser Schritt stammt ursprünglich aus dem Mambo. Er wurde dort nicht genau seitwärts, sondern diagonal vorwärts und rückwärts getanzt.
Die Wiegeschritte sind neben den Promenaden und dem Fächer die beliebtesten Schritte im Cha-Cha-Cha.

Bitte beachten Sie, daß Sie beim Wiegeschritt mit dem linken Fuß vorwärts am rechten Fuß des Partners vorbei setzen, nicht zwischen seine Füße streben.

Foto S. 62: TSG Bremerhaven; Trainer der Formation sind die erfolgreichen Professionals Horst und Andrea Beer.

Cha

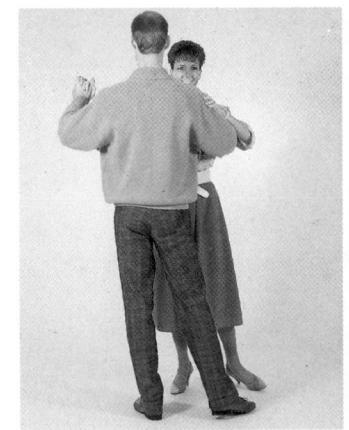

Cha

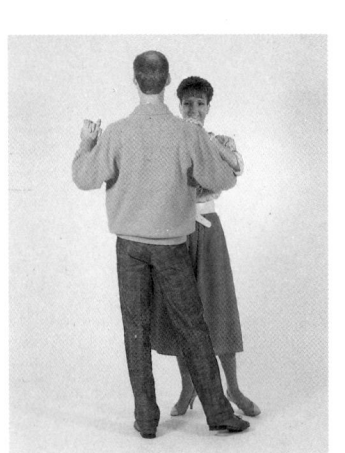

4

5

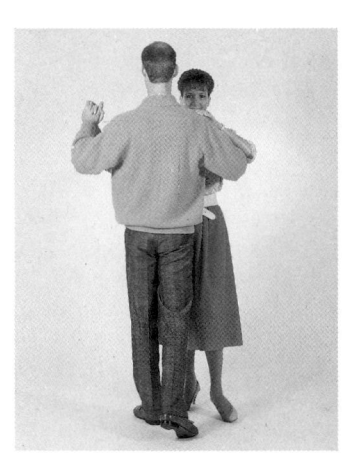

6

3   **2**   **1**

Cha   **Cha**

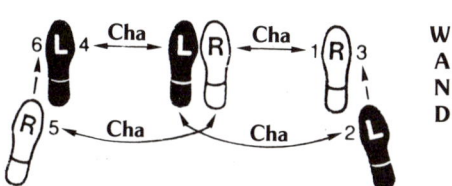

Der Fächer nach rechts und links

1. RF seitwärts	1
2. LF kreuzt hinter RF, linke Handhaltung lösen	2
3. RF wieder belasten	3
4. LF seitwärts nach links, zueinander drehen und die linke Hand auf den Rücken der Dame plazieren	Cha
5. RF schließt zum LF	Cha
6. LF seitwärts	4
7. RF kreuzt hinter LF, rechte Hand vom Rücken der Dame lösen	5
8. LF wieder belasten	6
9. RF seitwärts nach rechts, zueinander drehen, Tanzhaltung einnehmen	Cha
10. LF schließt zum RF	Cha

1. LF seitwärts	1
2. RF kreuzt hinter LF, rechte Handhaltung lösen	2
3. LF wieder belasten	3
4. RF seitwärts nach rechts, zueinander drehen und die rechte Hand auf den Oberarm des Herrn plazieren	Cha
5. LF schließt zum RF	Cha
6. RF seitwärts	4
7. LF kreuzt hinter RF, linke Hand vom Oberarm des Herrn lösen	5
8. RF wieder belasten	6
9. LF seitwärts nach links, zueinander drehen, Tanzhaltung einnehmen	Cha
10. RF schließt zum LF	Cha

Diese Figur können Sie beliebig oft wiederholen. Wenn Sie wollen, nehmen Sie bei Schritt 9 keine Tanzhaltung ein, sondern plazieren dann wieder die rechte Hand auf den Rücken der Dame; sie legt ihre Hand wieder auf seinen Oberarm.

Immer bei Schritt 2 und 7 drehen Sie sich ein wenig voneinander weg, um bequem kreuzen zu können. Die beiden Körper stehen dann etwa V-förmig zueinander. Diese Stellung wird immer bei den beiden Cha-Cha-Schritten wieder aufgelöst; diese tanzen Sie in Gegenüberstellung zum Partner.

Foto S. 66: Lepehne/Weisser; mehrfache Deutsche Meister der Professionals in den Lateinamerikanischen Tänzen.

Mögliche Schrittverbindungen

1. Jede Figur kann beliebig oft getanzt werden
2. Der Grundschritt in die Gegenpromenade und Promenade
3. Der Grundschritt in den Wiegeschritt vorwärts und rückwärts
4. Der Grundschritt in den Fächer nach rechts und nach links
5. Der Grundschritt-Fächer nach rechts und nach links – Wiegeschritt vorwärts und rückwärts – Gegenpromenade und Promenade
   Da jede Figur für den Herrn RF seitwärts und für die Dame LF seitwärts beginnt, können Sie praktisch alle Figuren miteinander in jeder beliebigen Reihenfolge verbinden.

Achten Sie als Herr aber bitte darauf, daß Ihre Dame rechtzeitig durch Ihre Führung merkt, was Sie mit ihr für eine Figur tanzen wollen.

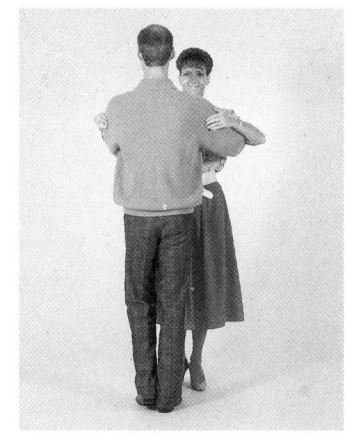

Cha

Cha

4

5

6

 **3**

 **2**

 **1**

 **Cha**

Cha

Samba

Taktart

2/4 Takt, Schritt 1 und 4 jeweils auf dem ersten Taktschlag.

Tempo

54 bis 60 Takte/Min.

Tanzrichtung

Beliebig, solange Sie am Platz tanzen. Bei Promenadenschritten auf jeden Fall entlang der Tanzrichtung tanzen. Hier sind die Figuren für den Herrn mit der Front zur Wand beschrieben, die Dame in Gegenüberstellung. Lateinamerikanische Tanzhaltung.

Rhythmus

Entweder 1, 2 oder 1 + 2.

■ Bei der einfachen Ausführung des Grundschrittes beugen und strecken Sie das Knie des belasteten Fußes entsprechend der Samba-Musik. Diese Bewegung sollte nicht übertrieben werden, da sie dann sehr schwerfällig aussieht; Samba ist aber ein beschwingter und lustiger Tanz. Denken Sie an den Karneval in Rio, wo man Tag und Nacht Samba auf der Straße tanzt. Der anspruchsvollere Tänzer bevorzugt die zweite Version des Grundschrittes.

W A N D

1. RF vorwärts — 1
2. LF schließt zum RF, ohne Gewichtsübertragung — 2
3. LF rückwärts — 3
4. RF schließt zum LF, ohne Gewichtsübertragung — 4

W A N D

1. LF rückwärts — 1
2. RF schließt zum LF, ohne Gewichtsübertragung — 2
3. RF vorwärts — 3
4. LF schließt zum RF, ohne Gewichtsübertragung — 4

3

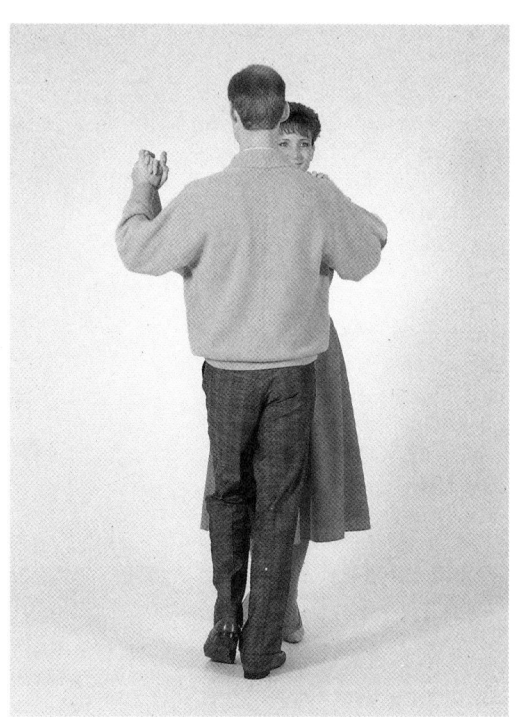

2

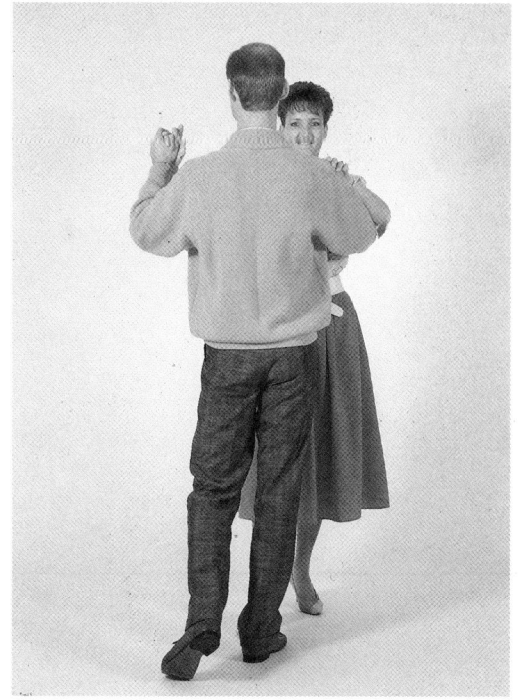

4

1

Bei Schritt 1 vorwärts setzen Sie den Fuß zuerst mit dem Ballen auf, dann auch die Ferse, bei Schritt 2 nur den Ballen kurz belasten, bei Schritt 3 den flachen Fuß anheben und am Platz wieder aufsetzen.

Entsprechend tanzen Sie im zweiten Teil.

Immer ist auch hier bei jedem Schritt ein leichtes Nachfedern, der Fachmann nennt das »Bouncing«, im Knie- und Sprunggelenk erforderlich, um dem Stil des Sambas gerecht zu werden. Diese Bewegung wird Ihnen am Anfang vielleicht nicht gleich gelingen. Auch hier macht Übung den Meister. Sie werden sicherlich erst richtig Freude an diesem Tanz haben, wenn Sie die Schritte mit dieser Bewegung ausführen können. Geben Sie nicht vorzeitig auf. Samba ist so beschwingt und so voller Lebensfreude wie kaum ein anderer Tanz aus dem WTP.

Der Grundschritt II

WAND

AS

1. RF vorwärts — 1
2. LF schließt zum RF, den Ballen kurz belasten — +
3. RF wieder belasten — 2
4. LF rückwärts — 3
5. RF schließt zum LF, den Ballen kurz belasten — +
6. LF wieder belasten — 4

WAND

AS

1. LF rückwärts — 1
2. RF schließt zum LF, den Ballen kurz belasten — +
3. LF wieder belasten — 2
4. RF vorwärts — 3
5. LF schließt zum RF, den Ballen kurz belasten — +
6. RF wieder belasten — 4

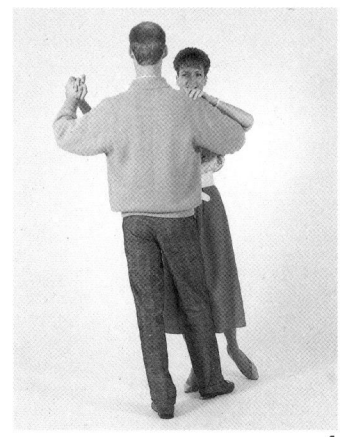 **4**

 **3**

 **5**

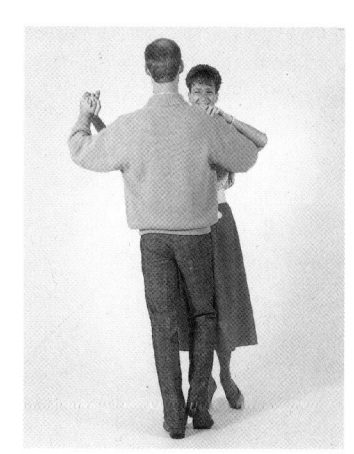 **2**

 **6**

 **1**

Mit einem Schrittsatz tanzen Sie sich jeweils 1/4 Drehung nach rechts. Sie können sich beliebig lange drehen; eine ganze Drehung erfordert 4 Schrittsätze von 1 bis 6.
Die Rechtsdrehung ist praktisch Ihr Grundschritt, wobei Sie sich langsam rechts herum drehen. Selbstverständlich können Sie auch die einfache Ausführung wählen und Schritt 2 und 4 ohne Gewichtsübertragung schließen, wie im einfachen Grundschritt.
Beachten Sie bitte, daß diese Schritte auf jeden Fall geschlossen werden ohne Gewicht oder nur kurz belastet; auf keinen Fall bei diesen Schritten eine Seitwärtsbewegung machen.

Die Rechtsdrehung

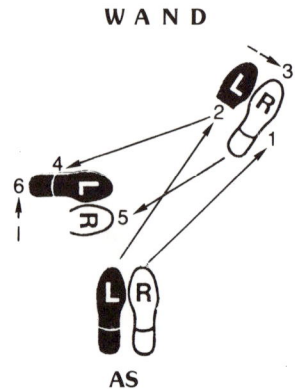

W A N D

W A N D

AS

AS

1. RF schräg vorwärts, 1/8 nach rechts drehen	1
2. LF schließt zum RF, den Ballen kurz belasten	+
3. RF wieder belasten	2
4. LF schräg rückwärts, 1/8 nach rechts drehen	3
5. RF schließt zum LF, den Ballen kurz belasten	+
6. LF wieder belasten	4

1. LF schräg rückwärts, 1/8 nach rechts drehen	1
2. RF schließt zum LF, den Ballen kurz belasten	+
3. LF wieder belasten	2
4. RF schräg vorwärts, 1/8 nach rechts drehen	3
5. LF schließt zum RF, den Ballen kurz belasten	+
6. RF wieder belasten	4

4

3

5

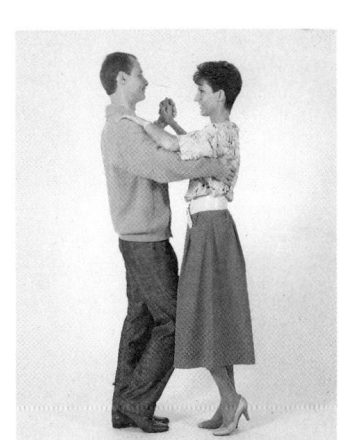

2

6

1

■ Die Tanzhaltung wird bei diesem Schritt nicht gelöst. Sie drehen sich im Paar jeweils beim Hinterkreuzen leicht nach links und rechts.
Die Figur kann beliebig oft wiederholt werden.

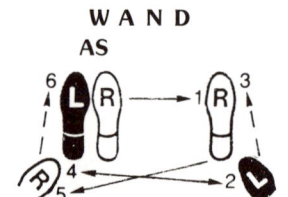

Der Wischer nach rechts und links

1. RF seitwärts 1	1. LF seitwärts 1
2. LF kreuzt leicht hinter dem RF, Ballen kurz belasten +	2. RF kreuzt leicht hinter dem LF, Ballen kurz belasten +
3. RF wieder belasten 2	3. LF wieder belasten 2
4. LF seitwärts 3	4. RF seitwärts 3
5. RF kreuzt leicht hinter dem LF, Ballen kurz belasten +	5. LF kreuzt leicht hinter dem RF, Ballen kurz belasten +
6. LF wieder belasten 4	6. RF wieder belasten 4

3

2

1

6

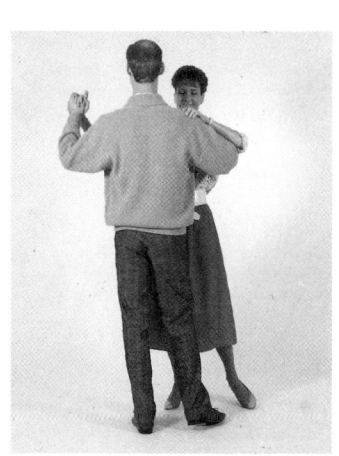

5

4

6 **5** **4**

Die Promenade

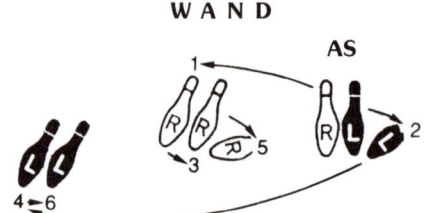

W A N D

1. LF seitwärts in Promenadenstellung	1
2. RF am Platz aufsetzen und den Ballen kurz belasten	+
3. LF ein wenig zurückrutschen	2
4. RF vorwärts in Promenadenstellung	3
5. LF am Platz aufsetzen und den Ballen kurz belasten	+
6. RF ein wenig zurückrutschen	4

W A N D

1. RF seitwärts in Promenadenstellung	1
2. LF am Platz aufsetzen und den Ballen kurz belasten	+
3. RF ein wenig zurückrutschen	2
4. LF vorwärts in Promenadenstellung	3
5. RF am Platz aufsetzen und den Ballen kurz belasten	+
6. LF ein wenig zurückrutschen	4

■ Die Figur kann beliebig oft wiederholt werden. Wenn Sie aufhören wollen, die Promenade zu tanzen, gehen Sie am besten nach Schritt 6 mit dem LF seitwärts in einen Wischer nach links, die Dame tanzt mit dem RF seitwärts in den Wischer.

3 **2** **1**

Mögliche Schrittverbindungen

1. Jede Figur kann für sich beliebig oft getanzt werden
2. Grundschritt – Rechtsdrehung – Grundschritt
3. Grundschritt – Wischer nach rechts und links – Grundschritt oder Rechtsdrehung
4. Grundschritt – Rechtsdrehung – Wischer nach rechts – Promenade – Wischer nach links – Rechtsdrehung
5. Promenade – Wischer nach links – Rechtsdrehung – Grundschritt – Wischer nach rechts und links

Jive

Taktart

4/4 Takt

Tempo

Von 36 bis 44 Takte/Min. Bei schnellerem Tempo wird Boogie getanzt.

Tanzrichtung

Beliebig, da der Jive am Platz getanzt wird. Zum Erlernen der Figuren empfiehlt es sich für den Herrn mit Front in Tanzrichtung Aufstellung zu nehmen, da die Figuren so beschrieben sind.

Foto S. 80: Horst und Andrea Beer; Weltmeister der Amateure in den Lateinamerikanischen Tänzen 1985.

Rhythmus

Jive (Triple Time): SS S + S S + S
Jive (Single Time): SS L L
Jive (Double Time): SS SS SS
Welcher Rhythmus angewendet wird, hängt vom Tempo der Musik ab. Der Single Time ist auch als Boogie und der Double Time als Rock and Roll bekannt.

■Die Schritte 3, 4, 5 (S + S) und 6, 7, 8 (S + S) sind Wechselschritte, bei denen die Füße nicht geschlossen werden. Diese Wechselschritte dürfen Sie nur leicht andeuten.
Bleiben Sie locker in den Knien; Sie dürfen diese leicht federn lassen, die Musik verleitet Sie ohnehin dazu. Auch die Hüften

schwingen leicht seitwärts hin und her. Die Tanzhaltung ist leger; die linke Hand des Herrn mit der gefaßten rechten Hand der Dame wird meist beim Grundschritt in Hüfthöhe gehalten.
Jive und Cha-Cha-Cha sind die Tänze, die am meisten Spaß machen; zeigen Sie, daß das auch auf Sie zutrifft.

Der Grundschritt I (Triple Time)

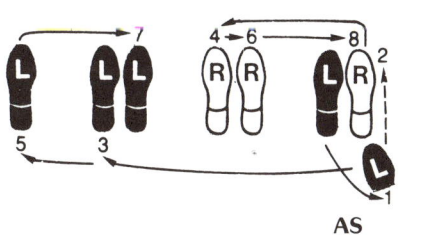
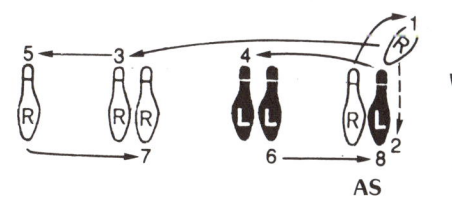

1. LF rückwärts kleiner Schritt, linke Hüfte etwas zurückdrehen. Nur den Ballen aufsetzen S	1. RF rückwärts kleiner Schritt, rechte Hüfte etwas zurückdrehen. Nur den Ballen aufsetzen S
2. RF am Platz aufsetzen in Promenadenstellung S	2. LF am Platz aufsetzen in Promenadenstellung S
3. LF seitwärts nach links, zueinander drehen S	3. RF seitwärts nach rechts, zueinander drehen S
4. RF halb zum LF schließen +	4. LF halb zum RF schließen +
5. LF seitwärts kleiner Schritt S	5. RF seitwärts kleiner Schritt S
6. RF ein wenig seitwärts nach rechts S	6. LF ein wenig seitwärts nach links S
7. LF halb zum RF schließen +	7. RF halb zum LF schließen +
8. RF ein wenig seitwärts nach rechts S	8. LF ein wenig seitwärts nach links S

5

4

6

3

2

1

7

8

■ Dies ist die einfachste Form Jive zu tanzen. Sie wird angewendet, wenn die Musik für den Wechselschritt des Triple Time zu schnell ist.

Es ist durchaus möglich, daß ein Partner diese Form tanzt, weil er »langsamere« Füße hat, und der andere tanzt seinen Schrittsatz im Triple Time. Bei den Schritten 1, 2 sind die Partner immer wieder zusammen. Alle später beschriebenen Figuren können ebenfalls in diesem Rhythmus getanzt werden. Es ist auch möglich, während des Tanzes den Rhythmus zu wechseln, das sollten Sie aber erst versuchen, wenn Sie versiert genug sind.

Der Grundschritt II (Single Time)

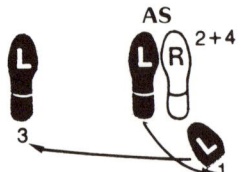

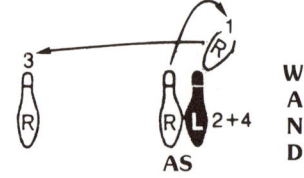

1. **LF rückwärts kleiner Schritt, linke Hüfte etwas zurückdrehen. Nur den Ballen aufsetzen** S
2. **RF am Platz aufsetzen in Promenadenstellung** S
3. **LF seitwärts zueinander drehen** L
4. **RF am Platz aufsetzen** L

1. **RF rückwärts kleiner Schritt, rechte Hüfte etwas zurückdrehen. Nur den Ballen aufsetzen** S
2. **LF am Platz aufsetzen in Promenadenstellung** S
3. **RF seitwärts zueinander drehen** L
4. **LF am Platz aufsetzen** L

2

1

3

4

■ Alle Schritte werden im gleichen Rhythmus getanzt. Die
Schritte 2, 4, 6 erhalten eine
leichte Betonung in der Bewegung, damit geben Sie dem typi-
schen Akzent in der Rock-and-
Roll-Musik den richtigen Ausdruck.
Diese Form fällt den meisten
nicht leicht zu tanzen. Rhythmisch veranlagte Tänzer haben
aber viel Freude an dieser Art.

4

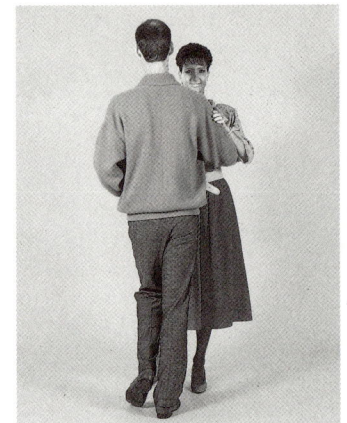

3

5

2

1

6

Der Grundschritt III (Double Time)

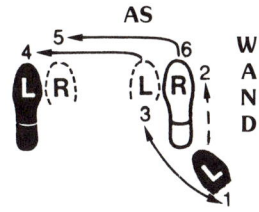

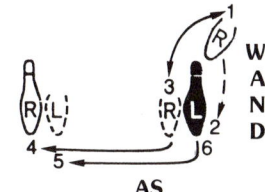

1. LF rückwärts kleiner Schritt, linke Hüfte etwas zurück-drehen. Nur den Ballen auf-setzen S
2. RF am Platz aufsetzen in Promenadenstellung S
3. LF schließt zum RF ohne Gewichtsübertragung (Tap) S
4. LF seitwärts kleiner Schritt, leichte Promenadenstellung beibehalten S
5. RF schließt zum LF ohne Gewichtsübertragung (Tap) S
6. Rf seitwärts kleiner Schritt S

1. RF rückwärts kleiner Schritt, rechte Hüfte etwas zurück-drehen. Nur den Ballen auf-setzen S
2. LF am Platz aufsetzen in Promenadenstellung S
3. RF schließt zum LF ohne Gewichtsübertragung (Tap) S
4. RF seitwärts kleiner Schritt, leichte Promenadenstellung beibehalten S
5. LF schließt zum RF ohne Gewichtsübertragung (Tap) S
6. LF seitwärts kleiner Schritt S

Hand- und Platzwechsel

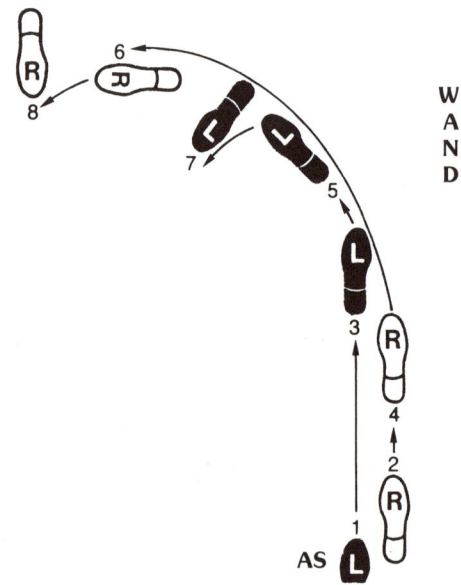

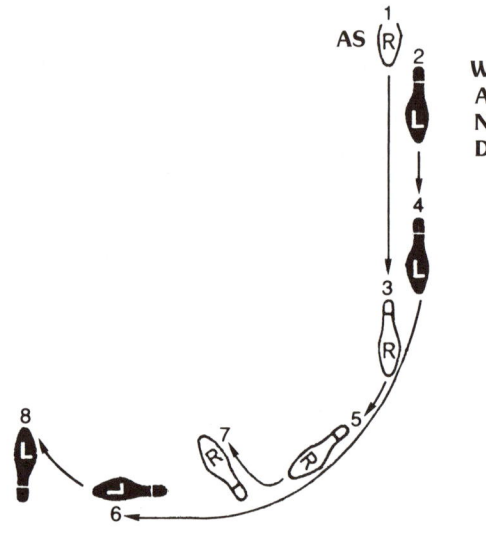

1. LF rückwärts kleiner Schritt, dabei die rechte Hand der Dame aus der eigenen linken Hand in die rechte Hand nehmen   S
2. RF am Platz aufsetzen, in Gegenüberstellung zur Dame, im leichten Abstand voneinander   S
3. LF vorwärts kleiner Schritt, mit der rechten Hand die Dame zur eigenen rechten Seite führen   S
4. RF halb zum LF schließen   +
5. LF vorwärts, die Dame ist jetzt an der rechten Seite des Herrn. Die rechte Hand der Dame in die hinter dem eigenen Rücken gehaltene linke Hand legen   S
6. RF seitwärts im Drehen nach links   S
7. LF halb zum RF schließen, weiter nach links drehen   +
8. RF seitwärts kleiner Schritt zueinander drehen, jetzt sind die Plätze gewechselt   S

1. RF rückwärts kleiner Schritt, der Herr wechselt dabei die Handhaltung und nimmt die rechte Hand der Dame in die eigene rechte Hand   S
2. LF am Platz aufsetzen, in Gegenüberstellung zum Herrn, im leichten Abstand voneinander   S
3. RF vorwärts kleiner Schritt, zur rechten Seite des Herrn hinbewegen   S
4. LF halb zum RF schließen   +
5. RF vorwärts, jetzt an der rechten Seite des Herrn. Er legt die rechte Hand jetzt in die hinter seinem Rücken gehaltene linke Hand   S
6. LF seitwärts im Drehen nach rechts   S
7. RF halb zum LF schließen, weiter nach rechts drehen   +
8. LF seitwärts kleiner Schritt zueinander drehen, jetzt sind die Plätze gewechselt   S

■ Das ist eine der beliebtesten Figuren im Jive. Sie können sie beliebig oft hintereinander tanzen. Wenn Sie aufhören wollen, tanzen Sie einen Grundschritt, wobei Sie die Schritte 3, 4, 5 schräg aufeinander zu tanzen und Tanzhaltung einnehmen. Vor dieser Figur können Sie sehr gut die Unterarmdrehung der Dame links gedreht tanzen (siehe Seite 86). Sie müssen in leichtem Abstand gegenüber enden und können wie oben beschrieben die Schritte 1, 2 mit dem Handwechsel für den Herrn tanzen. Das ist für die Dame das Zeichen, daß der Platzwechsel folgen soll. So oft Sie bei den Schritten 1, 2 die Hand als Herr wechseln, so oft erwartet die Dame den folgenden Platzwechsel. Wenn Sie die Hand nicht mehr wechseln, die rechte Hand der Dame also in Ihrer linken behalten, ist die Figur beendet. Es folgt ein Grundschritt.

5

8

2

4

7

1

3

6

■ Die Dame dreht sich unter dem Arm des Herrn um 180 Grad. Sie endet neben ihm und schaut in die gleiche Richtung wie er.

Der Herr nimmt die gefaßten Hände, nachdem die Dame darunter durchgegangen ist, wieder herunter in Hüfthöhe. Er läßt die Hände unten, solange die Dame nicht wieder drehen soll. Das Erheben der linken Hand ist für die Dame das Zeichen zum Drehen unter den erhobenen Händen.

In der Stellung nebeneinander können Sie mehrere Grundschritte tanzen, die dann immer zueinander und auseinander gehen.

Während die Dame die Unterarmdrehung ausführt, tanzt der Herr die Schritte 1 bis 8 des Grundschrittes, bei Schritt 3 den linken Arm erheben, so daß die Dame unter den gefaßten Händen hindurchtanzen kann.

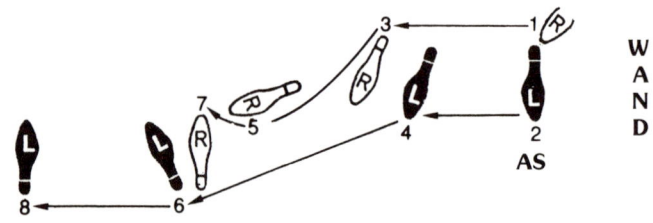

Unterarmdrehung der Dame rechts gedreht

1. RF rückwärts kleiner Schritt, rechte Hüfte etwas zurückdrehen. Nur den Ballen aufsetzen — S
2. LF am Platz aufsetzen in Promenadenstellung — S
3. RF seitwärts und unter der erhobenen linken Hand des Herrn hindurchgehen — S
4. LF schließt halb zum RF — +
5. RF vorwärts jetzt leicht nach rechts drehen — S
6. LF seitwärts zur Nebeneinanderstellung drehen — S
7. RF halb zum LF schließen — +
8. LF seitwärts kleiner Schritt, jetzt an der linken Seite des Herrn in die gleiche Richtung schauend wie er — S

2

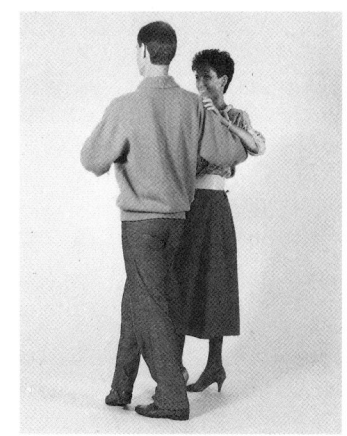

1

5

4

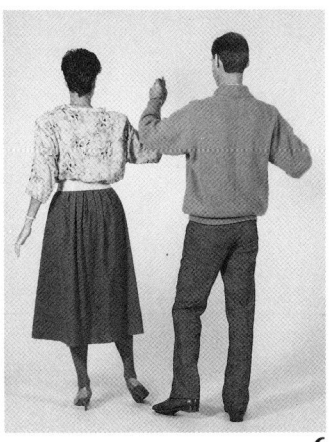

3

6

7

8

■ Diese Figur können Sie nur tanzen, wenn die Dame vorher weggedreht hat in die Nebeneinanderstellung, oder nach Grundschritten in der Nebeneinanderstellung.

Der Herr gibt die Führungshilfe nur mit seiner linken Hand. Wenn er sie erhebt, ist dies das Zeichen für die Dame, darunter durch zu drehen. Nicht versuchen mit dieser Hand die Dame zu drehen; das muß sie selbst machen. Erinnern Sie sich, jedes Ziehen oder Drücken bringt die Dame aus dem Gleichgewicht. Die Figuren Nr. 2 und 3 heißen auch »Platzwechsel von rechts nach links« und »Platzwechsel von links nach rechts«.

Dreht die Dame zur Ausgangsstellung zurück, so tanzt der Herr 1 bis 8 des Grundschrittes, bei Schritt 3 den linken Arm erheben, so daß die Dame unter den gefaßten Händen hindurchdrehen kann. Bei Schritt 5 die gefaßten Hände vor dem Gesicht der Dame senken, dadurch dreht sich die Dame in die Gegenüberstellung zum Herrn. Bei den Schritten 3, 4, 5 geht der Herr hinter die Dame. Bei Schritt 6 dann die Tanzhaltung wieder einnehmen.

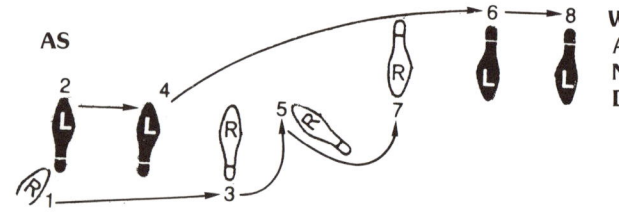

Unterarmdrehung der Dame links gedreht

1. **RF rückwärts kleiner Schritt, rechte Hüfte etwas zurückdrehen. Nur den Ballen aufsetzen**   S
2. **LF am Platz aufsetzen in Nebeneinanderstellung**   S
3. **RF seitwärts und unter die erhobenen Hände gehen**   S
4. **LF schließt halb zum RF**   +
5. **RF schräg rückwärts nach links drehen**   S
6. **LF seitwärts in Gegenüberstellung zum Herrn drehen**   S
7. **RF halb zum LF schließen**   +
8. **LF seitwärts kleiner Schritt**   S

Mögliche Schrittverbindungen

1. Grundschritt beliebig oft tanzbar
2. Grundschritt – Unterarmdrehung der Dame rechts gedreht – Grundschritt nebeneinander – Unterarmdrehung der Dame links gedreht – Grundschritt
3. Grundschritt – Unterarmdrehung der Dame rechts gedreht – Unterarmdrehung der Dame links gedreht – Grundschritt
4. Grundschritt – Unterarmdrehung der Dame rechts gedreht – Grundschritt nebeneinander – Unterarmdrehung der Dame links gedreht – Hand- und Platzwechsel – Hand- und Platzwechsel wiederholen – Grundschritt zueinander

2

1

5

4

(image) 3

6

7

8

Paso Doble

Taktart
2/4 Takt, ein Taktschlag je
Schritt, dabei den rechten Fuß
immer auf Taktschlag 1.

Tempo
60 Takte/Min.

Tanzrichtung
Der Herr beginnt mit der Front
in Tanzrichtung.

Rhythmus
Alle Schritte gleichmäßig.

■ Bei Schritt 1 stampfen Sie mit
dem Fuß auf. Damit soll der Stier
auf den Torero aufmerksam
gemacht werden. Paso Doble ist
ja der Tanz der Stierkämpfer.
Bei Schritt 2 macht der Herr
einen verhältnismäßig großen
Schritt vorwärts, der mit der
Ferse angesetzt wird; er geht
kühn auf den Stier zu. Bei Schritt
3 und 4 weicht er dem angrei-
fenden Stier elegant seitwärts
aus. Die Seitwärtsschritte können
beliebig oft getanzt werden.
Die Tanzhaltung sollte sehr auf-
recht sein, die linke Hand kann
mit der gefaßten rechten Hand
der Dame in Hüfthöhe herabge-
nommen werden, wenn die Seitschritte oder die Promenade
getanzt werden.
Die Seitschritte auf dem Ballen
tanzen, wenn Sie dem Tanz stili-
stischen Ausdruck geben wollen.

Der Grundschritt
(Appell-Attacke-Seitschritt nach rechts)

1. RF kräftig am Platz aufsetzen (Appell)	1
2. LF betont vorwärts (Attacke)	2
3. RF seitwärts	1
4. LF schließt zum RF	2

1. LF kräftig am Platz aufsetzen (Appell)	1
2. RF betont rückwärts (Attacke)	2
3. LF seitwärts	1
4. RF schließt zum LF	2

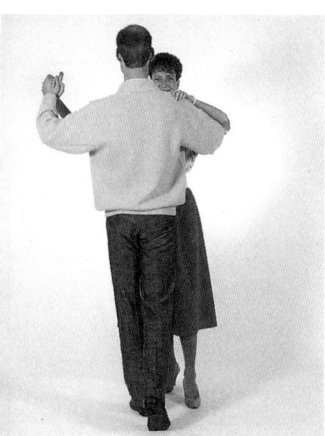

2

3

4

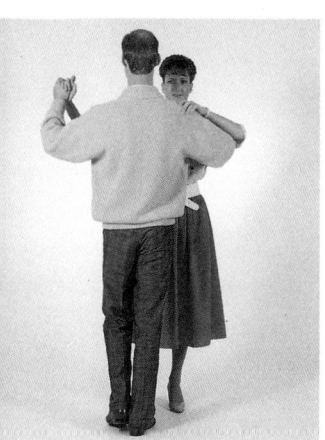

1

Die Promenade

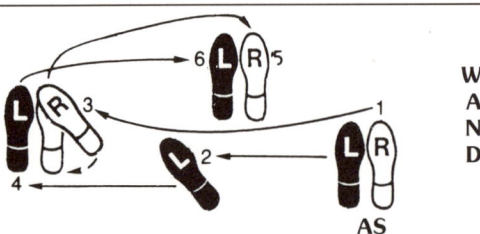
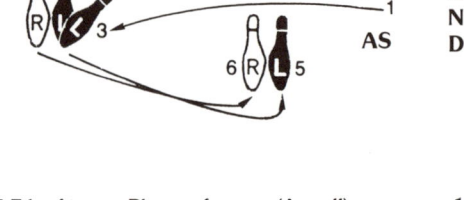

1. RF kräftig am Platz aufsetzen (Appell) 1	1. LF kräftig am Platz aufsetzen (Appell) 1
2. LF seitwärts in Promenadenstellung öffnen 2	2. RF seitwärts in Promenadenstellung öffnen 2
3. RF vorwärts überkreuzen in Promenadenstellung 1	3. LF vorwärts überkreuzen in Promenadenstellung 1
4. LF schließt zum RF, zueinander drehen 2	4. RF schließt zum LF, zueinander drehen 2
5. RF seitwärts 1	5. LF seitwärts 1
6. LF schließt zum RF 2	6. RF schließt zum LF 2

Die Promenade tanzen Sie entweder zur Mitte oder schräg zur Mitte. Den folgenden Seitschritt bei den Schritten 5, 6 benutzen Sie, um sich so zu drehen, daß Sie eine andere Figur anhängen können. Wollen Sie die Promenade wiederholen, wird bei dem Seitschritt nicht gedreht.
Soll die Promenaden-Rechtsdrehung folgen, drehen Sie sich bei einem oder zwei Seitschritten als Herr bis Sie wieder mit der Front zur Wand stehen. Dann können Sie die Drehung bequem entlang der Tanzrichtung ansetzen und tanzen.

3

2

1

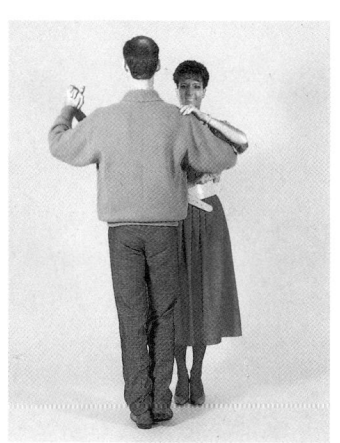

4

5

6

Die Promenaden-Rechtsdrehung

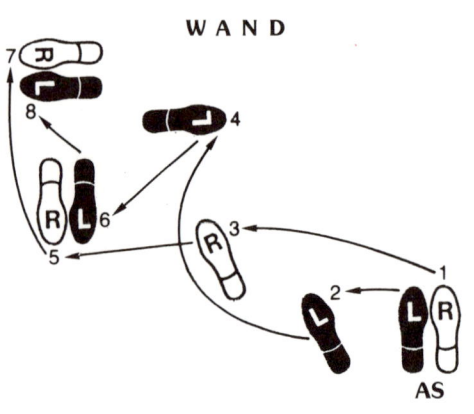

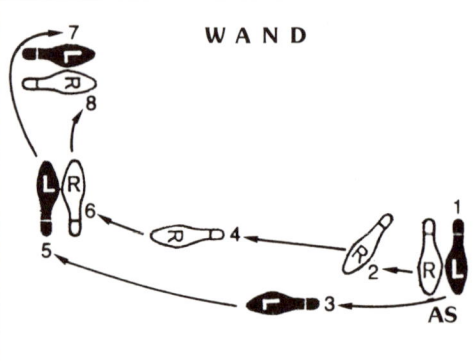

1. RF kräftig am Platz aufsetzen (Appell) 1	1. LF kräftig am Platz aufsetzen (Appell) 1
2. LF seitwärts in Promenadenstellung öffnen 2	2. RF seitwärts in Promenadenstellung öffnen 2
3. RF vorwärts überkreuzen in Promenadenstellung und nach rechts drehen 1	3. LF vorwärts überkreuzen in Promenadenstellung, kleiner Schritt 1
4. LF seitwärts vor die Dame in Gegenüberstellung drehen 2	4. RF vorwärts zwischen die Füße des Herrn in Gegenüberstellung 2
5. RF seitwärts, nach rechts drehen 1	5. LF seitwärts, nach rechts drehen 1
6. LF schließt zum RF 2	6. Rf schließt zum LF 2
7, 8 die Schritte 5 + 6 wiederholen und bis Front in Tanzrichtung nach rechts drehen 1, 2	7, 8 die Schritte 5 + 6 wiederholen und bis Rücken in Tanzrichtung nach rechts drehen 1, 2

Die Promenaden-Rechtsdrehung beginnen Sie als Herr am besten mit der Front zur Wand. Um diese Ausgangsstellung zu erreichen, tanzen Sie beim vorhergehenden Schritt soviel Seitschritte im Drehen nach rechts, bis Sie zur Wand schauen. Der Herr tanzt also dann vorher: RF seitwärts – LF schließt zum RF und wiederholt das nach Bedarf. Die Dame tanzt entsprechend LF seitwärts – RF schließt zum LF. Nach einer Promenaden-Rechtsdrehung müssen Sie ebenfalls mit mehreren Seitschritten die Ausgangsstellung für die nächste Figur herstellen, d. h. Sie müs-

sen sich als Herr solange nach rechts mit Seitschritten drehen, bis Sie z. B. Front in Tanzrichtung stehen, um mit einem Grundschritt oder einer Promenade folgen zu können.

Für die *Platzschritte* tanzt der Herr:
1. RF am Platz aufsetzen 1
2. LF am Platz aufsetzen 2

Die Schritte der Dame:
1. LF am Platz aufsetzen 1
2. RF am Platz aufsetzen 2

Diese Schritte können Sie beliebig oft wiederholen und sich dabei nach rechts oder links drehen, um die Ausgangsstellung für die nächste Figur einzunehmen.
Die Füße werden entweder auf dem Ballen oder flach aufgesetzt, für den Anfänger empfiehlt es sich, den flachen Fuß zu verwenden.

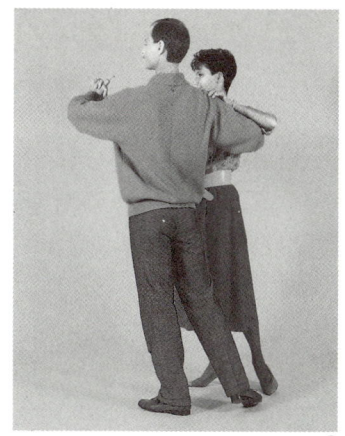

3   2   1

4   5   6

Mögliche Schrittverbindungen

1. Jede Figur kann beliebig oft für sich getanzt werden
2. Grundschritt – Promenade – Platzschritte
3. Grundschritt – Platzschritte – Promenaden Rechtsdrehung – Seitschritte
4. Grundschritt – Promenade – Platzschritte – Promenaden Rechtsdrehung
5. Platzschritte – Grundschritt – Seitschritte – Promenaden Rechtsdrehung – Platzschritte – Promenade

Figuren für Fortgeschrittene

In dieser Fortsetzung habe ich mich bemüht, den Figuren des Welttanzprogramms weitere einfache Schrittsätze hinzuzufügen. Es sind Schrittsätze, die zwar die Tänze bereichern, abwechslungsreicher gestalten und damit dem Paar mehr Variationsmöglichkeiten bieten, die aber noch immer überall – auch auf der kleinsten Tanzfläche – tanzbar und anwendbar sind. Es handelt sich nicht um Turniervariationen, obwohl auch diese Schritte, wie alle Grundschritte, ebenfalls von Turniertänzern getanzt werden. Die Schritte fügen sich harmonisch in die bisher gezeigten Schrittfolgen der im ersten Teil beschriebenen Tänze ein. Die Verbindungsmöglichkeiten mit den Grundschritten habe ich jeweils aufgezeigt. Es sind Vorschläge von mir, keine Pflichtübungen für Sie.

Tanzen macht umso mehr Spaß, je mehr Sie variieren und improvisieren können. Wie bei anderen Fertigkeiten bedarf es aber eines soliden technischen Grundwissens. Ohne erübte Fingerfertigkeit wird kein Pianist auskommen; Etüden helfen ihm, diese zu erwerben. Ohne Fußfertigkeit gibt es keinen guten Tänzer, auch keine gute Tänzerin. Was dem Klavierspieler die Etüden, sind dem Tänzer die Grundschritte in den einzelnen Tänzen, die auch der Turnier-

tänzer immer und immer wieder übt. Zugegeben, Etüden oder Grundschritte üben, ist nicht immer eine wahre Freude. Die Freude kommt erst hinterher. Sie sollten schon etwas Geduld, besonders auch für den Partner oder die Partnerin, aufbringen – und außerdem ein wenig Ausdauer.

Alle grundsätzlichen Regeln, wie zum Beispiel den rechten Fuß vorwärts immer zwischen die Füße des anderen, den linken Fuß immer außen daneben aufsetzen, sowie verschiedene Tanzhaltungen und die Grundrichtungen der einzelnen Tänze, gelten auch für Fortgeschrittene, damit die Ordnung auf der Tanzfläche erhalten bleibt. Alles über Führen und Anpassen wird sogar mit fortschreitendem Können immer wichtiger, besonders die Rollenverteilung *er führt – sie folgt.* Selbstverständlich gilt auch weiterhin uneingeschränkt: »Tanzen ist die schönste Nebensache auf dieser Welt«.

Gefällt Ihnen die eine oder andere Figur nicht, vergessen Sie sie; niemand zwingt Sie, sie zu tanzen. Gefällt Ihnen vielleicht ein ganzer Tanz nicht, dann nehmen Sie Platz, wenn Sie auf der Tanzfläche sind, oder bleiben Sie sitzen, wenn es der erste Tanz einer Serie ist. Haben Sie auch den Mut, Ihrem Partner oder Ihrer Partnerin zu sagen: »Ich mag diesen Tanz nicht, wir wollen Platz nehmen.«

Tanzen soll und muß Spaß machen, und die 12 Tänze des Welttanzprogramms zuzüglich

der Mode- und Partytänze, die Sie in jeder der ca. 800 Tanzschulen des Allgemeinen Deutschen Tanzlehrer Verbandes (ADTV) erlernen, geben Ihnen so viel Auswahlmöglichkeiten, daß Sie sicher bald Ihre »Lieblingstänze« herausfinden werden. Und nun viel Spaß beim Lernen und Üben. Sollte es zu schwierig werden, bietet eine sicher nicht zu weit entfernt gelegene Tanzschule Kurse für alle Altersstufen und Leistungsklassen an. Der Tanzlehrer hilft Ihnen immer, und er freut sich über Ihren Besuch.

Foto S. 100: Wessel-Therhorn; Weltmeister der Amateure in den Standardtänzen 1986/87.

Langsamer Walzer

Taktart
3/4 Takt, Schritt 1 und 4 jeweils auf den ersten Schlag im Takt.

Tempo
30 bis 32 Takte/Min.

Tanzrichtung
Der Herr beginnt mit der Front in Tanzrichtung, die Bewegungen gehen vorwärts in Tanzrichtung oder rechts oder links herum drehend.

Rhythmus
Alle Schritte sind gleichmäßig, auf jeden Taktschlag einen Schritt. Am besten zählen Sie 1, 2, 3, 4, 5, 6.

Mögliche Schrittverbindungen
1. 1 bis 6 des Grundschrittes – Zögerwechsel – Linksdrehung
2. Rechtsdrehung – Zögerwechsel – Linksdrehung
3. Vierteldrehung und außenseitlicher Wechsel – Zögerwechsel – Linksdrehung
4. Kreiseldrehung – 4, 5, 6 des Grundschrittes – Zögerwechsel – Linksdrehung
5. Zögerwechsel – Linksdrehung

Zögerwechsel

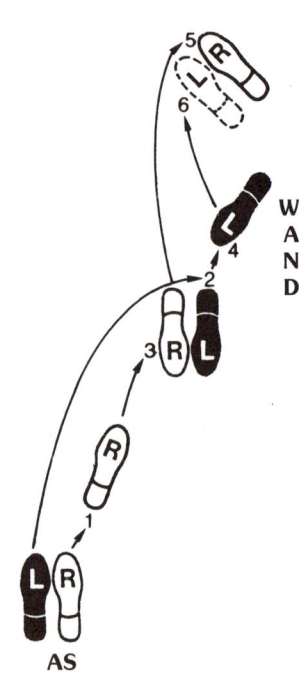 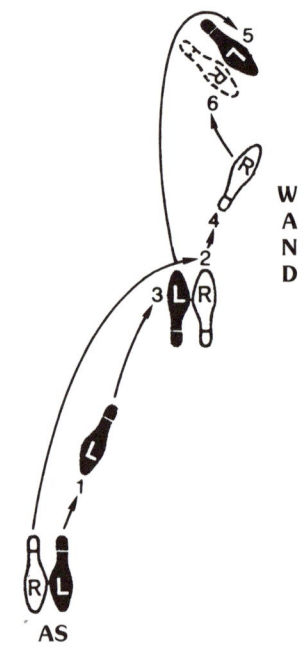

1. RF schräg vorwärts
2. LF seitwärts, nach rechts drehen
3. RF schließt zum LF, 1/2 Rechtsdrehung beenden
4. LF schräg rückwärts
5. RF seitwärts, nach rechts drehen
6. LF schließt zum RF ohne Gewichtsübertragung. (Anschließend LF vorwärts in die Linksdrehung)

1. LF schräg rückwärts
2. RF seitwärts, nach rechts drehen
3. LF schließt zum RF, 1/2 Rechtsdrehung beenden
4. RF schräg vorwärts
5. LF seitwärts, nach rechts drehen
6. RF schließt zum LF ohne Gewichtsübertragung. (Anschließend RF rückwärts in die Linksdrehung)

Der Zögerwechsel dient dazu, eine Rechtsdrehung direkt mit einer Linksdrehung zu verbinden. Das ist in einem kleinen Saal oder auf der Party, wo nur wenig Platz zum Tanzen zur Verfügung steht, sehr praktisch. Dadurch, daß Sie bei Schritt 6 den Fuß nicht belasten, kann die Linksdrehung sofort beginnen. Der Herr geht also mit dem linken Fuß vorwärts und die Dame mit dem rechten Fuß rückwärts direkt in den 1. Schritt einer Linksdrehung. Der Herr muß der Dame deutlich anzeigen, daß er den Fuß bei 6. nicht belastet; er bleibt also mit dem Gewicht auf dem 5. Schritt. Die Dame wird dann ebenfalls ihr Gewicht nur zum 5. Schritt bringen und bei Schritt 6 zögern.

Ich habe die Endstellung in den Fußstellungen bei 6 mit schräg zur Mitte angegeben. Sie können es sich aber noch leichter machen und als Herr nur bis Front zur Mitte drehen, dann brauchen Sie in der Linksdrehung nicht mehr soviel zu drehen, weil Sie ja schon 1/4 Drehung eingespart haben.

Auf jeden Fall aber den 1. Schritt der Linksdrehung (linken Fuß vorwärts nach dem Zögern) außen neben den rechten Fuß der Dame setzen; auf keinen Fall zwischen ihre Füße streben.

4

3

5

2

6

1

Der außenseitliche Wechsel ist eine der nützlichsten Figuren, die es im Langsamen Walzer gibt. Mit ihm können Sie geschickt anderen Paaren ausweichen und Zusammenstöße vermeiden. Weniger schwungvolle Paare können leicht überholt werden, ohne sie zu behindern. Beachten Sie bitte, daß der Herr nach Schritt 6 mit dem rechten Fuß gleich vorwärts gehen muß, und zwar neben der Dame. In diesem Falle also nicht wie sonst zwischen die Füße der Dame gehen. Wenn Sie den rechten Fuß nach 6 zum linken Fuß schließen, sind Sie sofort aus dem Takt. Manche sträuben sich anfangs, sofort an der Dame vorbei zu tanzen, aber gerade das macht den Schritt so interessant und attraktiv.

Die Dame setzt den linken Fuß nach Schritt 6 sofort rückwärts und zwar hinter ihren eigenen rechten Fuß. Nicht mit dem linken Fuß rückwärts ausbiegen, oder darauf schon drehen, das wirft den Herrn aus dem Gleichgewicht. Die Drehung erfolgt erst beim nächsten Schritt (rechten Fuß seitwärts zur Wand), wenn auch der Herr seinen linken Fuß seitwärts zur Wand setzt.

Mögliche Schrittverbindungen

1. Rechtsdrehung – Vierteldrehung und außenseitlicher Wechsel – Rechtsdrehung
2. Rechtsdrehung – Vierteldrehung und außenseitlicher Wechsel – Rechtskreiseldrehung

---

Vierteldrehung und außenseitlicher Wechsel

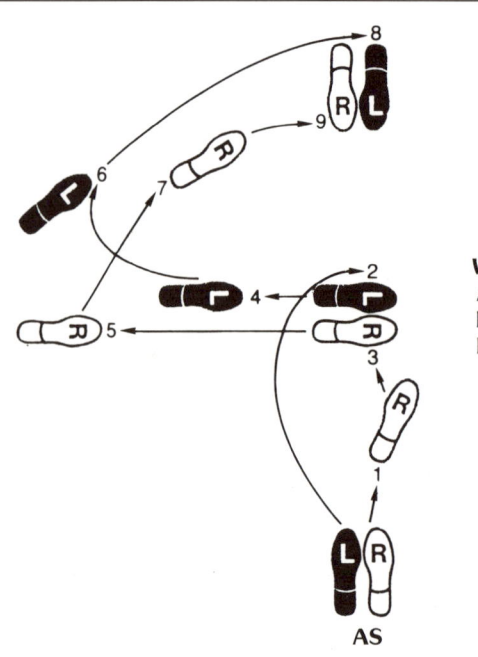

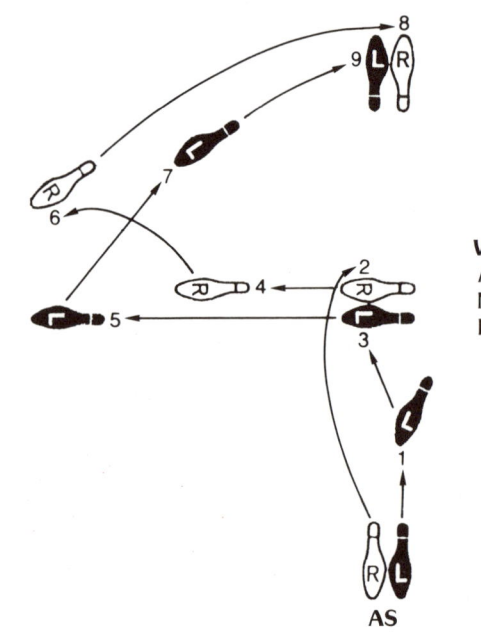

Herr (links)	Dame (rechts)
1. RF schräg vorwärts	1. LF schräg rückwärts
2. LF seitwärts, nach rechts drehen	2. RF seitwärts, nach rechts drehen
3. RF schließt zum LF, 1/4 Rechtsdrehung beenden	3. LF schließt zum RF, 1/4 Rechtsdrehung beenden
4. LF rückwärts	4. RF vorwärts
5. RF rückwärts	5. LF vorwärts
6. LF seitwärts, Fußspitze auswärts drehen	6. RF seitwärts, Ferse auswärts drehen
7. RF vorwärts neben der Dame	7. LF rückwärts (Herr daneben)
8. LF seitwärts, nach rechts drehen	8. RF seitwärts, nach rechts drehen
9. RF schließt zum LF, 1/4 Rechtsdrehung beenden	9. LF schließt zum RF, 1/4 Rechtsdrehung beenden

 7

 8

 9

 6

 5

 4

 1

 2

 3

Die Kreiseldrehung ist eine der bekanntesten und beliebtesten Drehungen im Langsamen Walzer. Sie wird selbst von Weltmeisterpaaren in ihrem Programm getanzt. Dem Allgemeintänzer vermittelt sie das Gefühl, besonders schwungvoll zu sein, was sie in Wirklichkeit ja auch ist. Bei Schritt 5 muß der Herr beachten, daß er den Schritt zwischen die Füße der Dame setzen muß.

Nach Schritt 6 gleich mit dem rechten Fuß rückwärts tanzen nicht schließen, sonst kommen Sie aus dem Takt.

Die Dame setzt nach Schritt 6 den linken Fuß vorwärts, wie immer am rechten Fuß des Herrn außen vorbei; nicht zwischen seine Füße streben.

Mögliche Schrittverbindungen

1. 4, 5, 6 des Grundschrittes – Kreiseldrehung – Linksdrehung (die letzten 3 Schritte der Kreiseldrehung bis in Tanzrichtung drehen, dann kann die Linksdrehung leicht folgen)
2. 4, 5, 6 außenseitlicher Wechsel – Kreiseldrehung – 4, 5, 6 des Grundschrittes
3. Rechtsdrehung – Kreiseldrehung – 4, 5, 6 des Grundschrittes

Rechtskreisdrehung

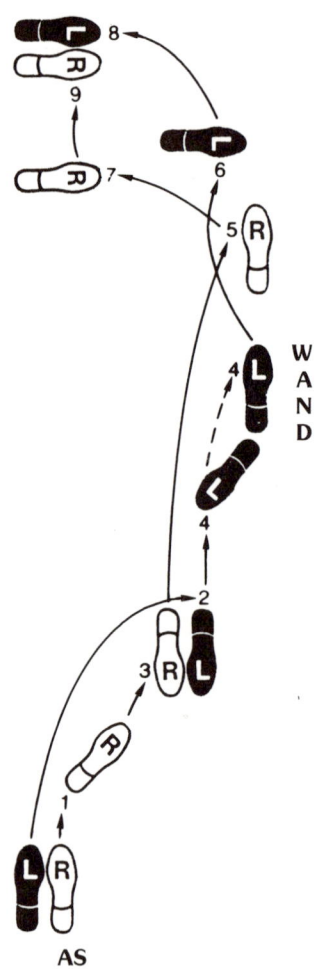

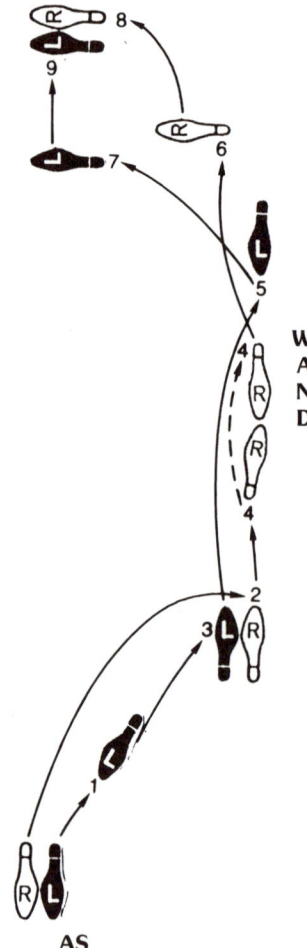

1. RF schräg vorwärts
2. LF seitwärts nach rechts drehen
3. RF schließt zum LF, 1/2 Rechtsdrehung beenden
4. LF schräg rückwärts, nach rechts drehen
5. RF vorwärts, 1/2 Rechtsdrehung beenden
6. LF seitwärts, 1/4 Rechtsdrehung
7. RF rückwärts
8. LF seitwärts
9. RF schließt zum LF

1. LF schräg rückwärts
2. RF seitwärts kleiner Schritt, nach rechts drehen
3. LF schließt zum RF
4. RF vorwärts, zwischen die Füße des Herrn, nach rechts drehen
5. LF rückwärts und leicht seitwärts
6. RF seitwärts, 1/4 Rechtsdrehung
7. LF vorwärts
8. RF seitwärts
9. LF schließt zum RF

 9

 4

 3

 8

 5

 2

 7

 6

 1

Foxtrott

Seitchasse	
W A N D AS	**W A N D** AS

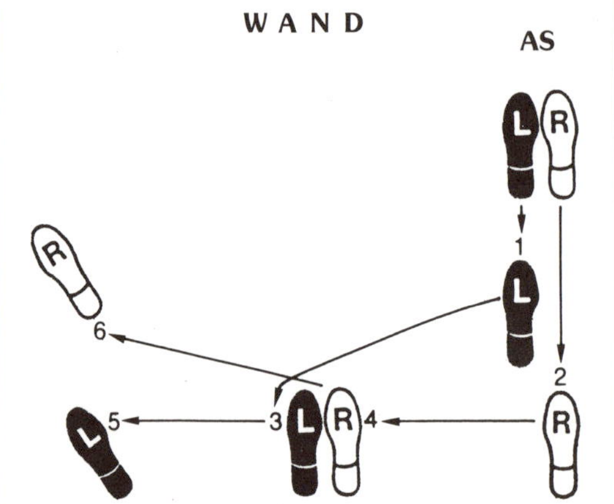

1. LF rückwärts   L
2. RF rückwärts   L
3. LF seitwärts   S
4. RF schließt zum LF   S
5. LF seitwärts, Zehenspitzen auswärts drehen L
6. RF vorwärts neben der Dame   L

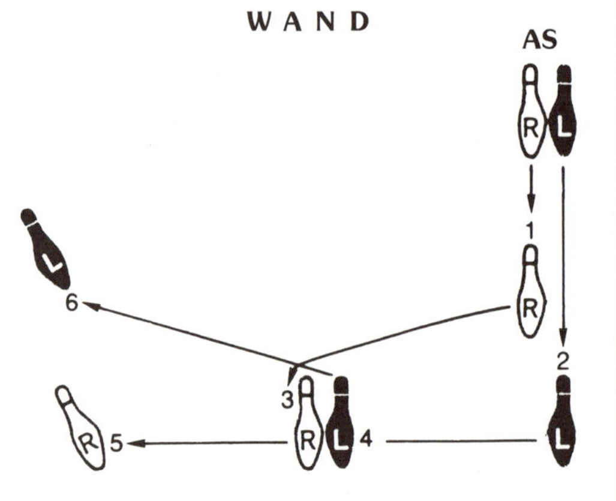

1. RF vorwärts   L
2. LF vorwärts   L
3. RF seitwärts   S
4. LF schließt zum RF   S
5. RF seitwärts, Ferse auswärts drehen   L
6. LF rückwärts, (Herr daneben)   L

6   5   4

Taktart
4/4 Takt, für einen langsamen Schritt jeweils 2 Taktteile, für einen schnellen Schritt 1 Taktteil.

Tempo
Von 36 bis 52 Takte/Min.

Tanzrichtung
Der Herr beginnt mit der Front zu der Wand, der er am nächsten steht. Die beiden Gehschritte werden dann immer auf die Wand zu, oder rückwärts zur Mitte gesetzt. Sie bewegen sich seitwärts in Tanzrichtung.

Rhythmus
1 Langsam – 2 Langsam –
3 Schnell – 4 Schnell
5 Langsam – 6 Langsam –
7 Schnell – 8 Schnell

■ Das Seitchasse dient dazu, auch im Foxtrott wie im Langsamen Walzer Schritte neben dem Partner tanzen zu können. Das ist für beide angenehm, weil dann nie die Gefahr besteht, daß Sie sich gegenseitig auf die Füße treten.

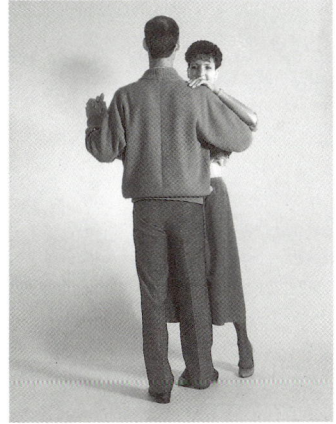

1

Praktisch tanzt der Herr die Schritte 5, 6, 7, 8 des Grundschrittes (LLSS), geht aber dann mit dem linken Fuß nicht vorwärts, sondern seitwärts. Dieser Schritt muß vorbereiten, daß er anschließend mit dem rechten Fuß vorwärts außen neben der Dame weitertanzen kann. Aus diesem Grund dreht der Herr die Zehenspitzen des linken Fußes etwas auswärts und macht sich selber Platz für den rechten Schritt.

Die Dame kann es dem Herrn an dieser Stelle sehr erleichtern, wenn sie den rechten Fuß so setzt, daß sie die Ferse etwas auswärts dreht (Zehenspitzen einwärts). Sie sollte auch den rechten Schritt klein zur Seite setzen, damit sie nicht vor dem Herrn landet. Setzt der Herr seinen linken Schritt richtig zur Seite, kommt er sehr leicht an der Dame vorbei.

Der Herr macht den rechten Schritt neben der Dame nicht zu groß, denn sonst stehen beide plötzlich nebeneinander. Nach jeder Wiegeschritt-Drehung vorwärts mit dem linken Fuß (Seite 28) statt mit dem linken Fuß vorwärts weiter zu tanzen seitwärts gehen, um dann mit dem rechten Fuß vorwärts neben der Dame aufzusetzen.

Mögliche Schrittverbindungen
1. 1 bis 4 des Grundschrittes – Seitchasse – Kreuzschritt
2. Wiegeschrittdrehung LF vorwärts – Seitchasse – Kreuzschritt
3. Seitchasse – Rechtsdrehung mit Verzögerung

3

2

6

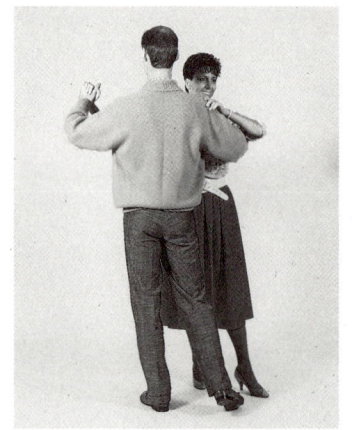

5

Der Kreuzschritt ist nur tanzbar, wenn genügend Platz zur Verfügung steht. Sie können ihn zwar auch mit kleinen Schritten tanzen, aber da er sich in allen Schritten vorwärts bewegt, entlang der Tanzrichtung oder schräg nach außen zur Wand, braucht er genug Raum. Alle Herrenschritte liegen neben den Damenschritten. In diese Position kommen Sie am besten mit dem Seitchasse, denn die letzten Schritte des Seitchasses, (linker Fuß seitwärts, Zehenspitzen auswärts gedreht und rechter Fuß vorwärts neben der Dame) sind identisch mit den ersten beiden Schritten des Kreuzschrittes. Nach einem Seitchasse können Sie immer mit dem Kreuzschritt folgen.
Beim Kreuzen setzt der Herr den rechten Fuß hinter den linken Fuß, die Dame ihren linken Fuß vor den rechten Fuß. Sie sollten darauf achten, daß Sie möglichst in Höhe der Knie kreuzen, nicht

unten in den Füßen, weil sonst die Gefahr besteht, daß Sie mit dem kreuzenden Fuß den anderen wegstoßen. Als Folge können Sie das Gleichgewicht und auch den Takt verlieren.
Auch hier darf der Herr seine Schritte nicht zu groß machen, sonst überholt er die Dame und beide Partner stehen nebeneinander. Der Herr folgt praktisch der Dame, die er etwas voraus tanzen läßt.

4

Mögliche Schrittverbindungen

1. 1 bis 4 des Grundschrittes – Seitchasse – Kreuzschritt
2. Seitchasse – Kreuzschritt
3. Jede Position in der der Herr seinen RF neben der Dame ansetzt – Kreuzschritt

Kreuzschritt

WAND	WAND

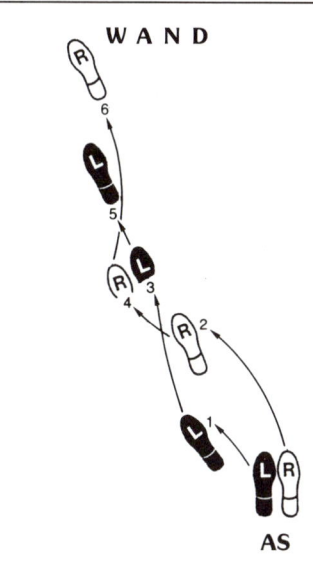
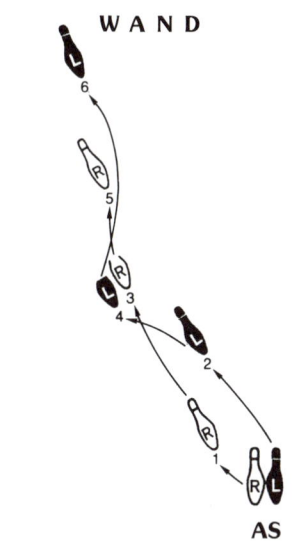

AS | **AS**

1. LF seitwärts, Zehenspitzen auswärts drehen L	**1.** RF seitwärts, Ferse auswärts drehen L
2. RF vorwärts, neben der Dame L	**2.** LF rückwärts (Herr daneben) L
3. LF vorwärts, den Ballen ansetzen S	**3.** RF rückwärts, den Ballen ansetzen S
4. RF kreuzt hinter den LF, Ballen ansetzen S	**4.** LF kreuzt vor den RF, Ballen ansetzen S
5. LF vorwärts L	**5.** RF rückwärts L
6. RF vorwärts, neben der Dame L	**6.** LF rückwärts (Herr daneben) L

3

2

1

7 **6**

Rechtsdrehung mit Verzögerung

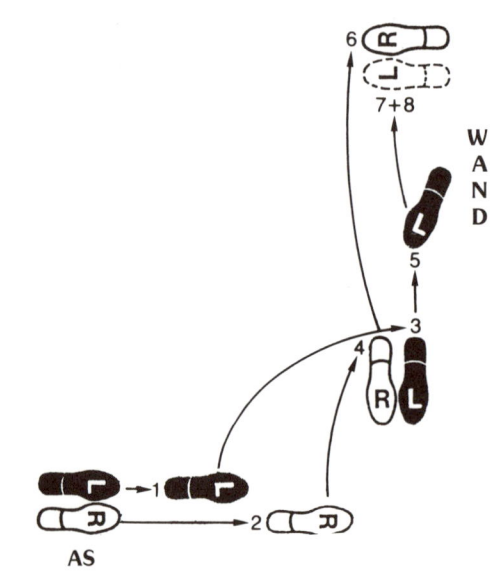

AS

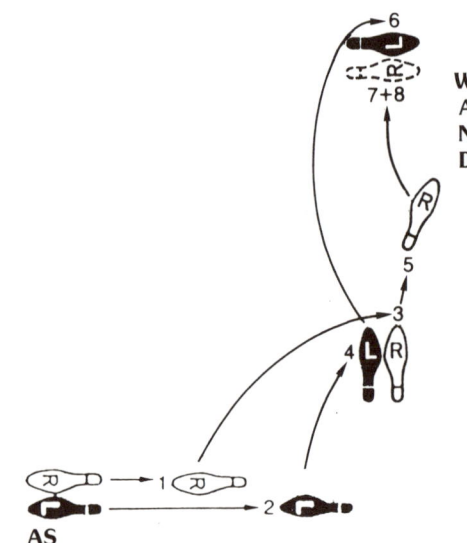

AS

1. LF vorwärts	L
2. RF vorwärts	L
3. LF seitwärts, nach rechts drehen	S
4. RF schließt zum LF,	
1/4 Rechtsdrehung beenden	S
5. LF schräg rückwärts	L
6. RF seitwärts, nach rechts drehen, 1/4 Rechts-	
drehung	L
7. LF schließt zum RF ohne Gewichtsübertragung	S
8. Position halten und zögern (Bei 1 LF vorwärts	
in die Wiegeschrittdrehung mit dem LF)	S

1. RF rückwärts	L
2. LF rückwärts	L
3. RF seitwärts, nach rechts drehen	S
4. LF schließt zum RF,	
1/4 Rechtsdrehung beenden	S
5. RF schräg vorwärts	L
6. LF seitwärts, nach rechts drehen, 1/4 Rechts-	
drehung	L
7. RF schließt zum RF ohne Gewichtsübertragung	S
8. Position halten und zögern (Bei 1 RF rückwärts	
in die Wiegeschrittdrehung mit dem LF)	S

 5

 4

 3

■ Die Rechtsdrehung mit Verzögerung ist ähnlich dem Zögerwechsel im Langsamen Walzer. Sie hat auch die gleiche Aufgabe zu erfüllen, nämlich auf der kleinen Tanzfläche dem Tänzer die Möglichkeit zu geben, sich direkt nach einer Rechtsdrehung links herum zu drehen. Der Herr setzt dann den linken Fuß, mit dem er ja gezögert hat, und den er unbelastet neben dem rechten Fuß geschlossen hat, bei Schritt 7 und 8 vorwärts neben den rechten Fuß der Dame.

Die Dame geht entsprechend mit dem rechten Fuß nach dem Zögern rückwärts. Das Zögern kann der Herr auch länger machen als beschrieben, wenn er zum Beispiel einem vorbeitanzenden Paar Platz geben will. Die Dame muß auf jeden Fall ruhig stehen bleiben und warten, bis der Herr seine Linksdrehung ansetzt.

Für die Dame ist es leicht mitzutanzen, wenn der Herr seinen Körper bei 7 und 8 völlig ruhig hält.

Mögliche Schrittverbindungen

1. Grundschritt – Rechtsdrehung mit Verzögerung – Wiegeschrittdrehung LF vorwärts
2. Kreuzschritt – Rechtsdrehung mit Verzögerung – Wiegeschrittdrehung LF vorwärts
3. Seitchasse – Rechtsdrehung mit Verzögerung – Wiegeschrittdrehung mit dem LF vorwärts
4. Wiegeschrittdrehung mit dem LF vorwärts – Rechtsdrehung mit Verzögerung – Wiegeschrittdrehung mit dem LF vorwärts

 2

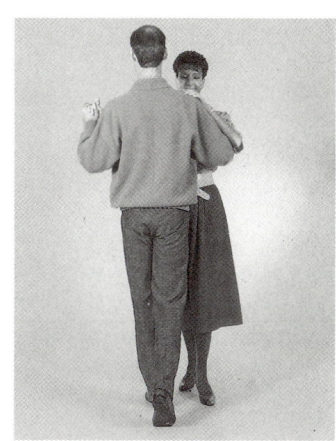 1

Langsamer Foxtrott

Der im 4/4 Takt geschriebene Langsame Foxtrott (Slow Fox) ist, außer in England, wo es bekanntlich große Tanzhallen gibt, hier bei uns als Allgemeintanz nicht tanzbar.

Seine raumgreifenden und fließenden Bewegungen sind nur im Turniertanz möglich. Selbst da gibt es noch Probleme für die Paare, die Figuren im Raum gut unterzubringen, obwohl höchstens 6 Paare zugleich auf der Tanzfläche sind. Da wir aber mit Sicherheit keine englischen Verhältnisse hier bei uns bekommen werden, wird dieser Tanz bei uns auch niemals für den normalen Tänzer anwendbar sein.

Wenn die Musik mit 28 bis 30 Takten in der Minute gespielt wird, dann sind die Figuren des Blues tanzbar. Wird das Tempo schneller als 30 Takte pro Minute, gehen die meisten Tänzer dazu über, die Schritte des Foxtrotts zu tanzen. Zugegeben, beide Lösungen sind nicht als ideal zu bezeichnen, aber eine andere oder bessere Möglichkeit kann ich Ihnen leider nicht anbieten.

Es ist sehr schade um diesen eleganten, allerdings auch nicht ganz leichten Tanz. Aber ohne sehr große Tanzflächen, sind seine Federschritte, Dreierschritte, Flechten und Rechts- und Linksdrehungen einfach nicht zu tanzen. Hin und wieder versuchen es doch Paare. Aber sehr schnell müssen sie feststellen, daß unsere übervollen Tanzflächen ein ständiges Abbremsen oder gar Anhalten

erforderlich machen, um Zusammenstöße zu vermeiden. Das stört nicht nur das eigene Tanzen, sondern auch das Tanzen der anderen Paare und nimmt schließlich die Freude an diesem Tanz.

Notfalls bereitet es vielleicht die größte Freude, wenn Sie sich hinsetzen und nur der Musik, die ja bekanntlich sehr sanft und melodienreich ist, lauschen. Lassen Sie sie auf sich wirken und genießen Sie sie. Die Tanzorchester sollten bei der Auswahl der Stücke daran denken, daß es also für den Tänzer immer problematisch ist einen Langsamen Foxtrott zu tanzen, wenn nicht der entsprechende Raum auf der Tanzfläche vorhanden ist. Sie sollten dann lieber darauf verzichten, diesen Tanz zu spielen, auch dann, wenn sie meinen, daß sie aber ein schönes Arrangement haben.

Weniger problematisch ist es für den Tänzer, wenn ein Foxtrott langsamer gespielt wird, etwa mit 40 Takten pro Minute, und dann als Medium Foxtrott interpretiert wird. Das ist ein recht angenehmes Tempo, um die Schritte des Foxtrotts geruhsam zu tanzen. Gerade für eine Party ist dieses Tempo geeignet, denn dann können Sie sich beim Tanzen auch miteinander unterhalten, was beim Originaltempo des Foxtrotts kaum ratsam ist, da der Herr seine ganze Aufmerksamkeit auf das Führen richten muß.

Nach wie vor ist der Blues nicht zu ersetzen und seine langsamen Bewegungen und seine ein-

schmeichelnden Melodien gehören immer in das Programm einer Party oder eines Tanzabends. Übrigens sollte der Musikfachmann den *tänzerischen Blues* nicht mit dem *musikalischen Blues* verwechseln. Im Tanz bezeichnen wir die langsame Art zu tanzen als Blues-Stil, in der Musik oder besser im Jazz kann der Blues durchaus sehr schnell gespielt sein, da bezieht sich das durchaus nicht auf das Tempo, sondern auch auf die Stilart in der gespielt wird.

Es wäre schön, wenn unsere Tanzorchester das Angebot an Tanzmusik so reichhaltig wie möglich machen würden. Den ganzen Abend nur Foxtrott oder Beat wird schließlich doch langweilig und auch auf der Party sollte der Gastgeber für genügend Abwechslung auf dem musikalischen Gebiet sorgen, denn das bereichert den Abend und hält die Gäste in Stimmung. Schließlich stehen ja die 11 Tänze des Welttanzprogramms zur Verfügung. Sie sind aber nur tanzbar, wenn das Musikangebot entsprechend ist.

Tango

Taktart
2/4 Takt, für einen langsamen
Schritt jeweils 2 Taktteile, für
einen schnellen Schritt 1 Taktteil.

Tempo
33 bis 35 Takte/Min.

Tanzrichtung
Der Herr beginnt mit der Front
zur Wand. Sie bewegen sich seitwärts in Tanzrichtung.

Rechtsdrehung

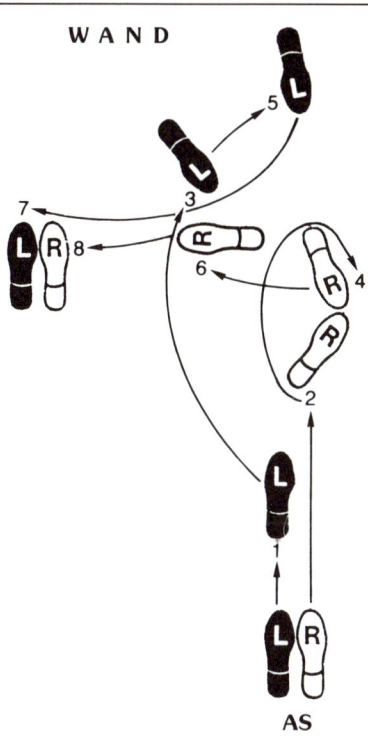

1. LF vorwärts	L
2. RF schräg vorwärts	L
3. LF schräg rückwärts, nach rechts drehen	S
4. RF wieder belasten (Wiegeschritt)	S
5. LF rückwärts, 1/2 Rechtsdrehung beenden	L
6. RF vorwärts, sehr kleiner Schritt, 1/4 Rechts-drehung	S
7. LF seitwärts, 1/4 Rechtsdrehung	S
8. RF schließt zum LF	L

1. RF rückwärts	L
2. LF schräg rückwärts	L
3. RF schräg vorwärts, zwischen die Füße des Herrn, nach rechts drehen	S
4. LF wieder belasten (Wiegeschritt)	S
5. RF vorwärts, 1/2 Rechtsdrehung beenden	L
6. LF rückwärts, sehr kleiner Schritt, 1/4 Rechts-drehung	S
7. RF seitwärts, 1/4 Rechtsdrehung	S
8. LF schließt zum RF	L

Rhythmus

1 Langsam – 2 Langsam –
3 Schnell – 4 Schnell
5 Langsam – 6 Schnell –
7 Schnell – 8 Langsam.

Mögliche Schrittverbindungen

1. Grundschritt – Rechtsdrehung
2. Promenade – Rechtsdrehung
3. Linksdrehung – Rechtsdrehung
4. Rechtsdrehung bei den Schritten 6, 7, 8 (SSL) als Herr bis Front in Tanzrichtung drehen – Linksdrehung
5. Rechtsdrehung – Grundschritt
6. Rechtsdrehung – Promenade

■ Die Rechtsdrehung im Tango ist ähnlich der Wiegeschritt-Drehung rückwärts mit dem rechten Fuß im Foxtrott.
Nur Grundschritt und Promenade, wie sie im Welttanzprogramm festgelegt sind, sind ein bißchen zu wenig für diesen Tanz. Mit dieser Rechtsdrehung können Sie den Tango etwas auflockern und interessanter machen. Der Tango ist leider in seinen Figuren kein Tanz, der sich leicht auf einer kleinen Tanzfläche tanzen läßt. Er bereitet in dieser Beziehung vielen Paaren Kopfzerbrechen.

8

 **4**

 **3**

 **5**

 **2**

 **7**

 **6**

 **1**

Linksdrehung

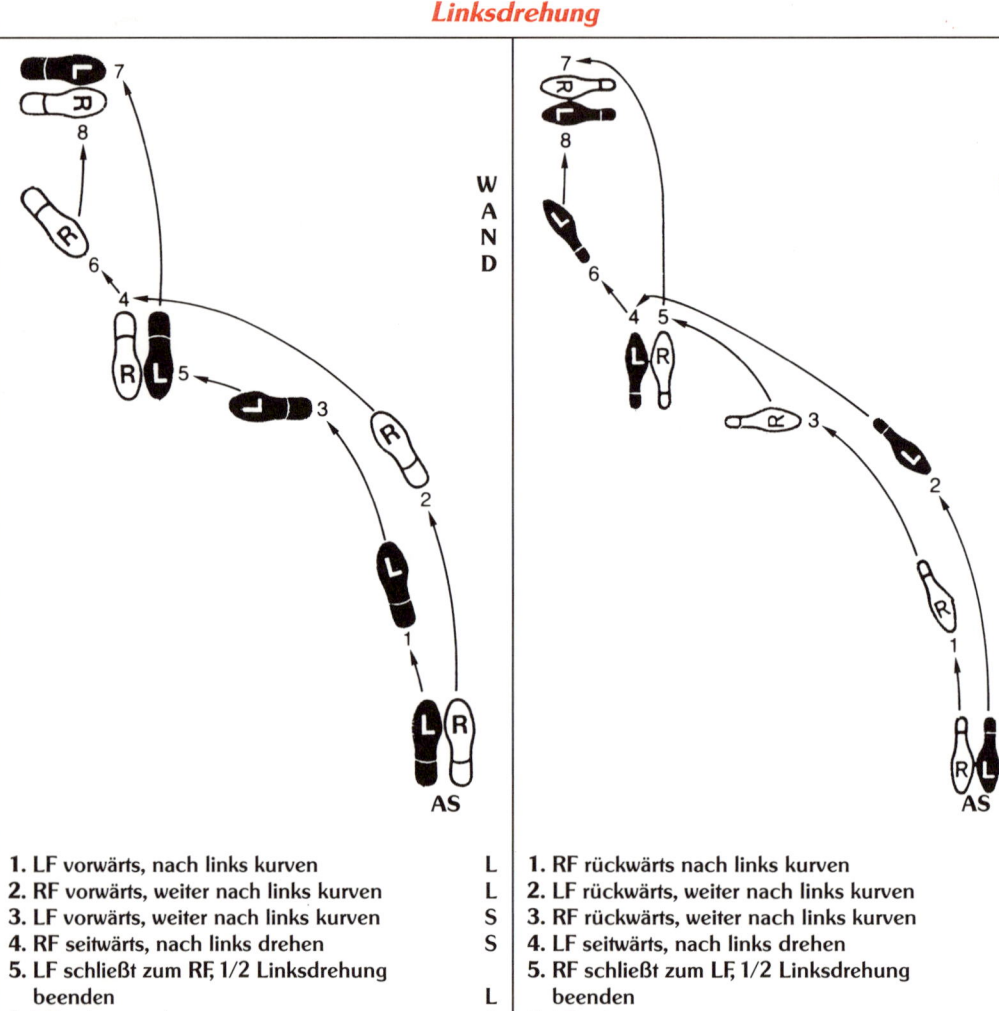

1. LF vorwärts, nach links kurven	L	1. RF rückwärts nach links kurven	L
2. RF vorwärts, weiter nach links kurven	L	2. LF rückwärts, weiter nach links kurven	L
3. LF vorwärts, weiter nach links kurven	S	3. RF rückwärts, weiter nach links kurven	S
4. RF seitwärts, nach links drehen	S	4. LF seitwärts, nach links drehen	S
5. LF schließt zum RF, 1/2 Linksdrehung beenden	L	5. RF schließt zum LF, 1/2 Linksdrehung beenden	L
6. RF schräg rückwärts	S	6. LF schräg vorwärts	S
7. LF seitwärts, 1/4 Linksdrehung	S	7. RF seitwärts, 1/4 Linksdrehung	S
8. RF schließt zum LF	L	8. LF schließt zum RF	L

Die Linksdrehung braucht leider viel Raum; sie ist also meist nicht anwendbar, obwohl sie typisch für den Tango-Stil ist. Nur wenn Sie in die Mitte kurvend kein anderes Paar behindern, dürfen Sie als Herr die Linksdrehung ansetzen.

Linksdrehungen machen einen Tanz interessanter und zeigen, ob jemand tanzen kann. Aber es gibt eben Probleme auf kleinen Tanzflächen.

Mögliche Schrittverbindungen
1. Grundschritt bei 6, 7, 8 (SSL) bis in Tanzrichtung drehen – Linksdrehung
2. Linksdrehung – Grundschritt
3. Linksdrehung – Rechtsdrehung
4. Rechtsdrehung bei 6, 7, 8 (SSL) bis in Tanzrichtung drehen – Linksdrehung

4

3

2

5

6

1

8

7

Rumba

Taktart
4/4 Takt, den langsamen Schritt
auf die Taktschläge 1, 2.

Tempo
28 bis 30 Takte/Min.

Tanzrichtung
Der Herr beginnt mit der Front
in Tanzrichtung.

Rhythmus
1 Langsam – 2 Schnell –
3 Schnell 4 Langsam –
5 Schnell – 6 Schnell

■ Diese Platzdrehung entspricht
der im Cha-Cha-Cha, natürlich
hier im Rumba-Rhythmus
getanzt. Sie wird genau so
geführt wie im Cha-Cha-Cha.
Wie jede Figur ist auch diese
beliebig oft zu wiederholen.
Wenn der Herr die Figur beenden will, nimmt er mit der rechten Hand wieder Tanzhaltung
ein, nachdem er die Platzdrehung nach links (vom Herrn aus
gesehen) getanzt hat.

Mögliche Schrittverbindungen
1. Wiegeschritt vorwärts und
   rückwärts – Platzdrehung –
   Wiegeschritt vorwärts und
   rückwärts
2. Hand zu Hand – Platzdrehung
   – Wiegeschritt vorwärts und
   rückwärts
3. Platzdrehung – Hand zu Hand
   – Wiegeschritt vorwärts und
   rückwärts

Platzdrehung

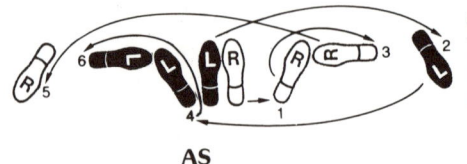

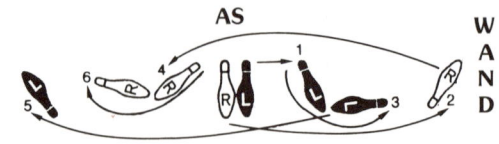

AS

1. RF seitwärts in Gegenpromenadenstellung, rechte Hand vom Rücken der Dame lösen	L
2. LF vorwärts, und überkreuzen, nach rechts drehen	S
3. RF am Platz aufsetzen, 1/2 Rechtsdrehung beenden	S
4. LF seitwärts in Promenadenstellung zur Mitte	L
5. RF vorwärts und überkreuzen, nach links drehen	S
6. LF am Platz aufsetzen, 1/2 Linksdrehung beenden, und die Tanzhaltung wieder ein- nehmen.	S

1. LF seitwärts in Gegenpromenadenstellung, linke Hand vom Oberarm des Herrn lösen	L
2. RF vorwärts und überkreuzen, nach links drehen	S
3. LF am Platz aufsetzen, 1/2 Linksdrehung beenden	S
4. RF seitwärts in Promenadenstellung zur Mitte	L
5. LF vorwärts und überkreuzen, nach rechts drehen	S
6. RF am Platz aufsetzen, 1/2 Rechtsdrehung beenden	S

3

2

1

4

5

6

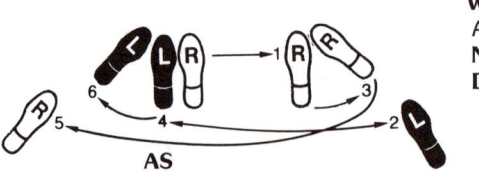

Hand zu Hand

1. RF seitwärts	L	**1.** LF seitwärts	L
2. LF rückwärts, linke Handhaltung lösen	S	**2.** RF rückwärts, rechte Handhaltung lösen	S
3. RF belasten	S	**3.** LF belasten	S
4. LF seitwärts, zueinander drehen, linke Hand faßt rechte Hand der Dame	L	**4.** RF seitwärts, zueinander drehen, dem Herrn die rechte Hand reichen	L
5. RF rückwärts, rechte Hand vom Rücken der Dame lösen	S	**5.** LF rückwärts, linke Hand vom Oberarm des Herrn lösen	S
6. LF belasten	S	**6.** RF belasten	S

■ Diese Figur ist vergleichbar mit dem Fächer nach rechts und nach links im Cha-Cha-Cha. Hier in der Rumba öffnen Sie die Stellung jedoch wesentlich mehr. Der Herr legt seine rechte Hand nicht auf den Rücken der Dame wie im Cha-Cha-Cha, er erfaßt die Hand der Dame. Beliebig oft kann der Schritt wiederholt werden. Der Herr nimmt nach dem 2. Teil die Tanzhaltung wieder ein und beendet damit die Figur. Auf der vollen und kleinen Tanzfläche empfiehlt es sich, die Haltung bei dieser Figur enger zu nehmen, um Mittanzende nicht zu behindern.

Mögliche Schrittverbindungen

1. Wiegeschritt vorwärts und rückwärts – Hand zu Hand – Wiegeschritt vorwärts und rückwärts
2. Wiegeschritt vorwärts und rückwärts – Platzdrehung – Hand zu Hand – Wiegeschritt vorwärts und rückwärts
3. Hand zu Hand – Platzdrehung – Wiegeschritt vorwärts und rückwärts

3   2   1

4   5   6

Cha-Cha-Cha

Taktart
4/4 Takt, für die Schritte 1, 2, 3 und 4, 5, 6 jeweils 1 Taktschlag, auf jedes Cha 1/2 Taktschlag.

Tempo
32 bis 34 Takte/Min.

Tanzrichtung
Es empfiehlt sich, daß der Herr zum Üben mit der Front in Tanzrichtung Aufstellung nimmt, die Dame in Gegenüberstellung. Lateinamerikanische Tanzhaltung.

Foto S. 124: 1987 wurde das deutsche Paar Galke/Schreiber Weltmeister der Amateure über 10 Tänze.

Rhythmus
1 – 2 – 3 – Cha-Cha, 4 – 5 – 6 – Cha-Cha entsprechend:
Langsam–Langsam–Langsam–Schnell/Schnell
Langsam–Langsam–Langsam–Schnell/Schnell

■ Diese Figur wird oft anstelle der Promenaden getanzt. Der Unterschied besteht nur darin, daß die Dame nicht wie bei der Gegenpromenade und Promenade bei Schritt 2 und 5 mit dem Herrn vorwärts geht, sondern rückwärts. Er geht daher bei den Schritten 2 und 5 an der Dame außen vorbei.
Beide Partner nähern dabei die Schultern etwas an, der Herr seine linke Schulter, die Dame ihre rechte Schulter bei Schritt 2,

umgekehrt bei Schritt 5. Von dieser Bewegung hat die Figur ihren Namen erhalten.

Mögliche Schrittverbindungen
1. Grundschritt am Ende Tanzhaltung lösen – Schulter zu Schulter – Grundschritt
2. Gegenpromenade und Promenade – Schulter zu Schulter – Grundschritt
3. Wiegeschritt vorwärts und rückwärts am Ende Tanzhaltung lösen – Schulter zu Schulter – Gegenpromenade und Promenade
4. Damensolo unter der erhobenen linken Hand des Herrn – Schulter zu Schulter – Wiegeschritt vorwärts und rückwärts

---

Schulter zu Schulter

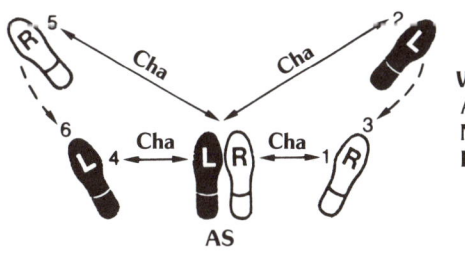

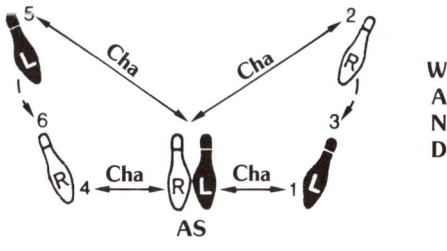

1. RF seitwärts	1
2. LF vorwärts neben der Dame, linke Schulter zur Dame drehen	2
3. RF am Platz aufsetzen	3
4. LF seitwärts nach links	Cha
5. RF schließt zum LF	Cha
6. LF seitwärts	4
7. RF vorwärts neben der Dame, rechte Schulter zur Dame drehen	5
8. LF am Platz aufsetzen	6
9. RF seitwärts nach rechts	Cha
10. LF schließt zum RF, Tanzhaltung einnehmen	Cha

1. LF seitwärts	1
2. RF rückwärts (Herr daneben) linke Schulter zum Herrn drehen	2
3. LF am Platz aufsetzen	3
4. RF seitwärts nach rechts	Cha
5. LF schließt zum RF	Cha
6. RF seitwärts	4
7. LF rückwärts (Herr daneben), rechte Schulter zum Herrn drehen	5
8. RF am Platz aufsetzen	6
9. LF seitwärts nach links	Cha
10. RF schließt zum LF, Tanzhaltung einnehmen	Cha

Cha

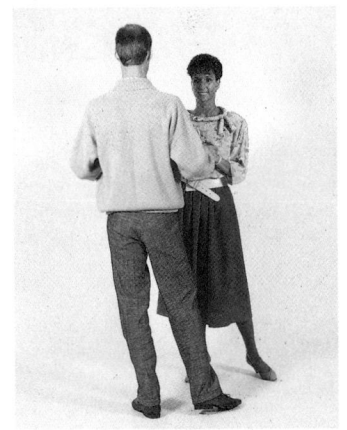

Cha

4

5

6

3   **2**   **1**

Cha   **Cha**

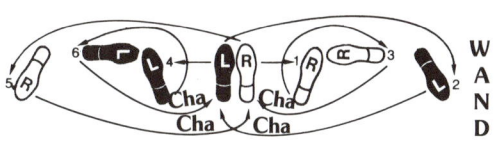

Platzdrehung

AS

1. RF seitwärts in Gegenpromenadenstellung,
   rechte Hand vom Rücken der Dame lösen — 1
2. LF vorwärts und überkreuzen, nach rechts
   drehen — 2
3. RF am Platz aufsetzen, 1/2 Rechtsdrehung
   beenden — 3
4. LF seitwärts nach links, mit der rechten
   Hand die linke Hand der Dame fassen,
   zueinander drehen — Cha
5. RF schließt zum LF — Cha
6. LF seitwärts in Promenadenstellung zur Mitte — 4
7. RF vorwärts und überkreuzen, nach links
   drehen und Handhaltung lösen — 5
8. LF am Platz aufsetzen, 1/2 Linksdrehung
   beenden — 6
9. RF seitwärts nach rechts, zueinander
   drehen — Cha
10. LF schließt zum RF, und die Tanzhaltung
    wieder einnehmen — Cha

AS

1. LF seitwärts in Gegenpromenadenstellung,
   linke Hand vom Oberarm des Herrn lösen — 1
2. RF vorwärts und überkreuzen, nach links
   drehen — 2
3. LF am Platz aufsetzen, 1/2 Linksdrehung
   beenden — 3
4. RF seitwärts nach rechts, dem Herrn die
   linke Hand reichen, zueinander drehen — Cha
5. LF schließt zum RF — Cha
6. RF seitwärts in Promenadenstellung zur
   Mitte — 4
7. LF vorwärts und überkreuzen, nach rechts
   drehen, Handhaltung lösen — 5
8. RF am Platz aufsetzen, 1/2 Rechtsdrehung
   beenden — 6
9. LF seitwärts nach links, zueinander
   drehen — Cha
10. RF schließt zum LF, und die Tanzhaltung
    wieder einnehmen — Cha

Die Platzdrehung wird angesetzt wie Gegenpromenade und Promenade. Wie ihr Name besagt, drehen sich beide Partner am Platz voneinander weg. Der Herr kann dies sehr leicht anzeigen, indem er jeweils die gefaßten Hände nach vorn führt und der Dame einen kleinen Stoß gibt. Der Amerikaner nennt deshalb diese Drehung auch *Push Turn.* Sie können sie beliebig oft tanzen. Der Herr nimmt einfach wieder die normale Tanz-haltung ein, wenn er die Figur beenden will. Beide Partner müssen beachten, daß die Schritte 3 und 6 tatsächlich am Platz aufgesetzt werden. Nicht den Fuß wegziehen, sonst bewegen Sie sich von der Stelle, und dann ist es keine Platzdrehung mehr.

Mögliche Schrittverbindungen

1. Grundschritt – Platzdrehung
2. Promenade – Platzdrehung
3. Fächer nach rechts und links
   – Platzdrehung
4. Wiegeschritt vorwärts und
   rückwärts – Platzdrehung
5. Platzdrehung – Grundschritt
6. Platzdrehung – Promenade
7. Platzdrehung – Wiegeschritt
   vorwärts und rückwärts
8. Das Damensolo unter der
   erhobenen linken Hand des
   Herrn – Platzdrehung

**Foto S. 128: Weltmeister der
Professionals über 10 Tänze
wurden 1987 Hull/Krogull.**

Cha

Cha

4

5

6

3   2   1

 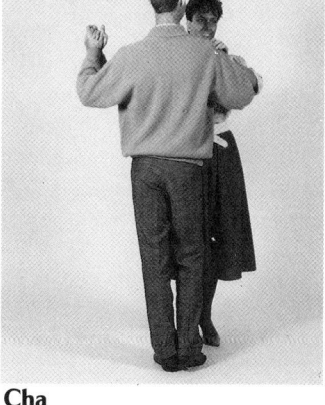

Cha   Cha

Jive

Taktart
4/4 Takt

Tempo
Von 36 bis 44 Takte/Min.

Tanzrichtung
Beliebig, da der Jive am Platz getanzt wird. Zum Erlernen der Figuren empfiehlt es sich für den Herrn mit Front in Tanzrichtung Aufstellung zu nehmen, da die Figuren so beschrieben sind.

Rhythmus
Jive (Triple Time):
SS S + S S + S
Jive (Single Time): SS LL
Jive (Double Time): SS SS SS
Welchen Rhythmus Sie anwenden hängt vom Tempo der Musik ab. Der Single Time wird auch Boogie und Double Time Rock and Roll genannt.

■ Auch dieser Schritt kann mehrmals wiederholt werden. Wichtig ist, daß der Herr die Dame mit seiner rechten Hand auf dem Rücken abfängt. Das geschieht immer bei Schritt 6. Die gefaßten Hände nimmt er dabei bis in Hüfthöhe herunter. Wegen der besseren Übersicht wurde das Schrittdiagramm und die entsprechenden Fotos in Teil 1 und Teil 2 gegliedert. Sie finden Teil 2 auf den folgenden Seiten.
Beachten Sie bitte den anderen Rhythmus dieses Schrittes, der wie bei der Whip vom Grundrhythmus abweicht; aber gerade das macht diesen Schritt und den Whip so interessant.

Mögliche Schrittverbindungen
1. Beginnen Sie in Nebeneinanderstellung oder in Gegenüberstellung – Stop and Go – Unterarmdrehung der Dame links gedreht
2. Hand- und Platzwechsel – Stop and Go – Whip – Grundschritt
3. Stop and Go – Hand- und Platzwechsel – Whip – Grundschritt

Stop and Go (Hinweg)

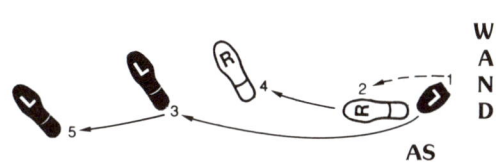

1. LF rückwärts kleiner Schritt. Nur den Ballen aufsetzen S	1. RF rückwärts kleiner Schritt. Nur den Ballen aufsetzen S
2. RF am Platz aufsetzen S	2. LF am Platz aufsetzen S
3. LF vorwärts, linke Hand erheben und die Dame darunter durchführen S	3. RF seitwärts, leicht nach links drehen und unter die erhobenen Hände gehen S
4. RF halb zum LF schließen +	4. LF halb zum RF schließen, weiter nach links drehen +
5. LF vorwärts kleiner Schritt S	5. RF schräg rückwärts, nach links drehen S

Stop and Go (Rückweg)

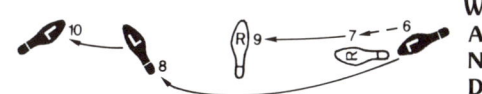

6. RF vorwärts betont aufsetzen, mit der rechten Hand die Dame auf dem Rücken stoppen S	6. LF rückwärts und gleichzeitig den RF nach vorn zeigen, den RF dabei vom Boden leicht abheben (Kick). Der Herr stoppt die Bewegung der Dame dadurch, daß er seine rechte Hand auf ihrem Rücken plaziert. S
7. LF am Platz aufsetzen S	7. RF am Platz aufsetzen S
8. RF rückwärts, linke Hand wieder erheben und die Dame darunter durchführen S	8. LF seitwärts, leicht nach rechts drehen und unter die erneut erhobenen Hände gehen S
9. LF halb zum RF schließen +	9. RF halb zum LF schließen, weiter nach rechts drehen +
10. LF rückwärts kleiner Schritt, jetzt wieder von der Dame weg in Gegenüberstellung S	10. LF schräg rückwärts, nach rechts drehen, jetzt wieder vom Herrn weg in Gegenüberstellung S

5

4

6

7

8

3

2

1

9

10

Whip

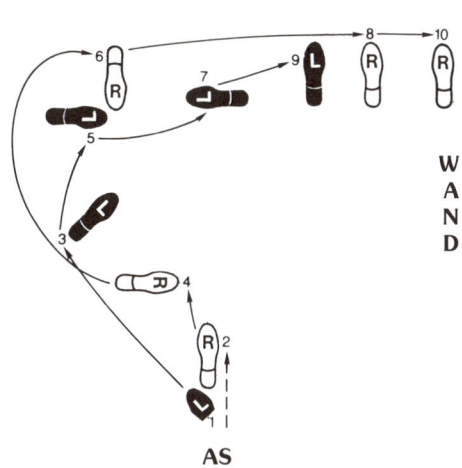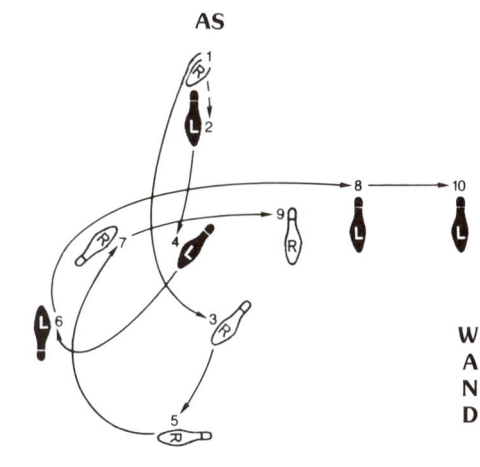

Schritt (Herr)		Schritt (Dame)	
1. LF rückwärts kleiner Schritt. Nur den Ballen aufsetzen	S	1. RF rückwärts kleiner Schritt. Nur den Ballen aufsetzen	S
2. RF am Platz aufsetzen	S	2. LF am Platz aufsetzen	S
3. LF seitwärts, leicht nach rechts drehen, Tanzhaltung einnehmen, um die Dame herum gehen	S	3. RF vorwärts leicht nach rechts drehen, Tanzhaltung einnehmen, um den Herrn herum gehen	S
4. RF halb zum LF schließen, weiter drehen	+	4. LF halb zum RF schließen, weiter drehen	+
5. LF seitwärts um die Dame, weiter drehen	S	5. RF vorwärts um den Herrn, weiter drehen	S
6. RF kreuzt hinter den linken Fuß, weiter drehen	S	6. LF vorwärts um den Herrn	S
7. LF rückwärts, weiter drehen	S	7. RF vorwärts um den Herrn	S
8. RF seitwärts in Gegenüberstellung zur Dame	S	8. LF seitwärts in Gegenüberstellung zum Herrn	S
9. LF schließt halb zum RF	+	9. RF halb zum LF schließen	+
10. RF seitwärts kleiner Schritt	S	10. LF seitwärts kleiner Schritt	S

Diese Figur setzen Sie an, wenn Sie sich gegenüber stehen und nur die rechte Hand der Dame in der eigenen linken halten. Durch den Whip kommen Sie wieder in die Tanzhaltung. Insgesamt machen Sie (wenn Sie etwas üben) eine ganze Drehung. Am Anfang können Sie auch etwas weniger drehen, aber richtig Spaß macht die Figur erst, wenn Sie 360 Grad drehen. Bei den Schritten 3, 4, 5, 6, 7 gehen die beiden Partner einer um den anderen herum, auf den Schritten 8, 9, 10 sollte nicht mehr gedreht werden. Ein leichtes Wippen in den Schultern bei den Schritten 3 bis 7 hat der Figur den Namen gegeben.

Foto S. 136: In einer Pose aus den Lateinamerikanischen Tänzen das Weltmeisterpaar der Amateure 1987 Galke/ Schreiber.

Mögliche Schrittverbindungen
1. Hand- und Platzwechsel – Whip – Grundschritt
2. Unterarmdrehung der Dame links gedreht – Whip – Grundschritt
3. Unterarmdrehung der Dame rechts gedreht am Ende zueinander drehen – Whip – Grundschritt
4. Stop and Go – Whip – Grundschritt

5

4

6

7

3

2

1

8

9

10

Rock and Roll

Taktart
4/4 Takt, starke Betonung des
2. und 4. Taktviertels.

Tempo
Über 44 Takte/Min.

Tanzrichtung
Beliebig, da der Tanz am Platz
getanzt wird.

Rhythmus
SS–SS–SS, aber auch andere
Rhythmen sind möglich, insbe-
sondere Breaks.

■ Der Kick leicht über dem
Boden ausgeführt ist neu. An
seiner Stelle tanzte man beim
früheren Rock and Roll einen
Tap. Der Grundschritt kann beliebig oft wiederholt werden. In den
Tanzfolgen wird mit »A« die Ausgangsstellung bezeichnet.

Grundschritt	
Herr	**Dame**
1. LF rückwärts kleiner Schritt	**1.** RF rückwärts kleiner Schritt
2. RF am Platz belasten (Wiege-schritt)	**2.** LF am Platz belasten
3. LF Kick	**3.** RF Kick
4. LF zum RF schließen	**4.** RF zum LF schließen
5. RF Kick	**5.** LF Kick
6. RF zum LF schließen	**6.** LF zum RF schließen

A

3

2

1

4

5

6

Der Herr hat die rechte Hand der Dame in seiner linken Hand, offene Tanzhaltung in leichtem Abstand.

Die Dame endet an der rechten Seite des Herrn. Der Herr legt seine rechte Hand auf das rechte Schulterblatt der Dame.

Damen-Rechtsdrehung	
Herr **1–6** Grundschritt	**Dame** **1.** RF rückwärts kleiner Schritt **2.** LF am Platz belasten **3.** RF Kick **4.** RF vorwärts und 1/2 Rechtsdrehung **5.** LF Kick **6.** LF zum RF schließen

3   2   1

4   5   6

■ Dieser Schritt wird nach der Damen-Rechtsdrehung getanzt.

Grundschritt nebeneinander	
Herr	**Dame**
1. LF rückwärts kleiner Schritt	**1.** RF rückwärts kleiner Schritt
2. RF am Platz belasten (Wiege-schritt)	**2.** LF am Platz belasten
3. LF Kick	**3.** RF Kick
4. LF zum RF schließen	**4.** RF zum LF schließen
5. RF Kick	**5.** LF Kick
6. RF zum LF schließen	**6.** LF zum RF schließen

3

2

1

4

5

6

■Diese Figur wird nach dem Grundschritt nebeneinander getanzt. Die Dame endet in Gegenüberstellung zum Herrn in offener Tanzhaltung.

Damen-Linksdrehung	
Herr **1–6** Grundschritt	**Dame** 1. RF rückwärts kleiner Schritt 2. LF am Platze belasten 3. RF Kick 4. RF vorwärts und 1/2 Linksdrehung 5. LF Kick 6. LF zum RF schließen

3

2

1

4

5

6

■ Diese Figur tanzt man mehrmals hintereinander.

Platzwechsel unter dem linken Arm des Herrn

Herr	Dame
1. LF rückwärts kleiner Schritt	1. RF rückwärts kleiner Schritt
2. RF vorwärts kleiner Schritt	2. LF vorwärts kleiner Schritt
3. LF Kick	3. RF Kick
4. LF vorwärts beginne nach links zu drehen	4. RF vorwärts beginne nach rechts zu drehen
5. RF Kick weiter drehen	5. LF Kick weiter drehen
6. RF klein rückwärts, 1/2 Linksdrehung beenden	6. LF klein rückwärts, 1/2 Rechtsdrehung beenden

3

2

1

4

5

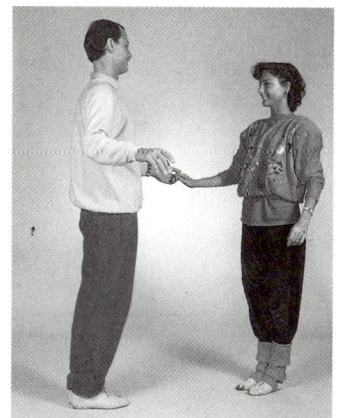

6

■ Rechte Hand der Dame in linker Hand des Herrn, offene Gegenüberstellung.
Der Herr unterstützt den Sprung der Dame durch seine beiden Hände beim Aufsitzen und auch beim Wegspringen.

Kniesitz	
Herr	**Dame**
1. LF rückwärts kleiner Schritt	1. RF rückwärts kleiner Schritt
2. RF am Platz belasten	2. LF am Platz belasten
3. LF dem RF annähern ohne Gewicht	3. RF schließt zum LF
4. LF rückwärts Fußspitze auswärts drehen, rechtes Knie beugen	4. Sprung zum rechten Oberschenkel des Herrn
5.–6. Position halten	5.–6. Position halten
7. Dame vom Oberschenkel wegführen	7. kleiner Sprung zurück
8. Kleiner Sprung zur Schlußstellung	8. In offener Gegenüberstellung enden

3

2

1

4

5, 6

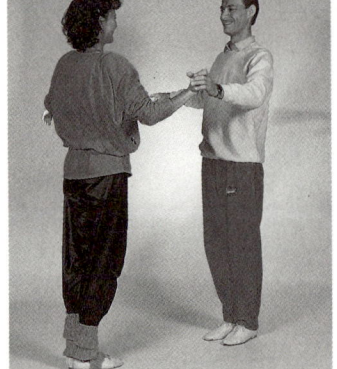

7, 8

■ Ausgangsstellung: Geschlossene Gegenüberstellung, der Herr hat beide Hände um die Taille der Dame gelegt, die Dame beide Hände um den Nacken des Herrn.
Die Dame wechselt direkt von der linken Hüfte des Herrn zur rechten, ohne vorher den Boden zu berühren.

Hüftsitz links und rechts

Herr	Dame
1. LF rückwärts kleiner Schritt	**1.** RF rückwärts kleiner Schritt
2. RF am Platz belasten	**2.** LF am Platz belasten
3. LF seitwärts	**3.** RF schließt zum LF
4.–5. Dame auf die linke Hüfte setzen	**4.–5.** Sprung auf die linke Hüfte des Herrn
6.–8. Dame auf die rechte Hüfte setzen	**6.–8.** Wechseln zur rechten Hüfte des Herrn
9. Dame von der Hüfte absetzen	**9.–10.** Abgang zur Gegenüberstellung
10. Kleiner Sprung zur Schlußstellung	

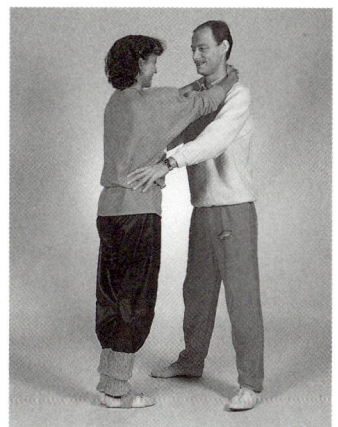

3

2

1

4, 5

6, 7, 8

9, 10

■ Ausgangsstellung wie beim Hüftsitz. Auch hierbei unterstützt der Herr die Sprünge der Dame mit seinen beiden Händen.
4 a zeigt den Sprung der Dame zur Grätsche. 7 a, b und c zeigen die Einzelpositionen des Abganges aus dem Hüftsitz.

Grätsche	
Herr	**Dame**
1. LF rückwärts kleiner Schritt	**1.** RF rückwärts kleiner Schritt
2. RF am Platz belasten	**2.** LF am Platz belasten
3. LF schließt zum RF ohne Gewicht	**3.** RF schließt zum LF
4. LF seitwärts	**4.** Sprung zum Grätschsitz
5. Position halten	**5.** Position halten
6. Oberkörper leicht nach vorn beugen	**6.** Position halten
7. Oberkörper wieder aufrichten	**7.** Abgang zur Schlußstellung
8. Füße schließen zum Schluß-sprung	**8.** In Gegenüberstellung enden

3

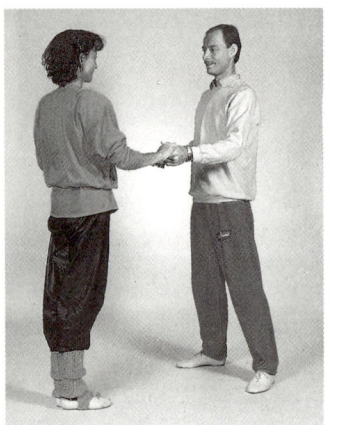

8

7 c

7 b

2

1

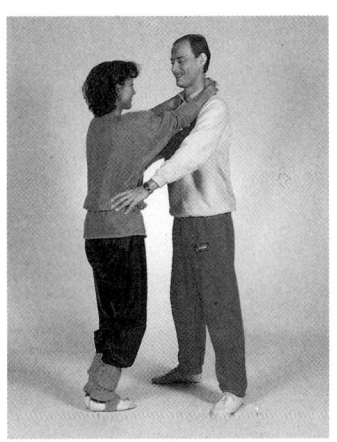

4

4 a

5

7 a

7

6

Disco-Fox

Taktart
4/4 Takt, für einen Schritt jeweils 1 Taktteil.

Tempo
36 bis 50 Takte/Min.

Tanzrichtung
Keine Tanzrichtung, da Sie fast ausschließlich am Platz tanzen.

Rhythmus
Alle Schritte im gleichen Rhythmus.

Tanzhaltung

Es gibt drei verschiedene Tanzhaltungen, die man wahlweise anwenden kann.

Tanzhaltung 1: Das Paar steht leicht geöffnet, der Herr mit seiner linken, die Dame mit ihrer rechten Seite. Die Armhaltung ist leger, die gefaßten Hände werden etwa in Hüfthöhe oder darunter gehalten. Die rechte Hand des Herrn liegt auf dem Rücken der Dame, sie legt ihre linke Hand auf seinen Oberarm oder auf die rechte Schulter.

Tanzhaltung 2: Der Herr hat mit seiner linken Hand die rechte Hand der Dame gefaßt, das Paar steht weiter auseinander. Diese Haltung wird immer dann eingenommen, wenn die Dame Solodrehungen unter den gefaßten Händen tanzen soll.

Tanzhaltung 3: Beide Partner haben sich die Hände gereicht und stehen weiter auseinander. Auch hierbei kann die Dame unter den Armen gedreht werden. Die Haltung wird auch eingenommen, wenn das Paar umeinander drehen möchte.

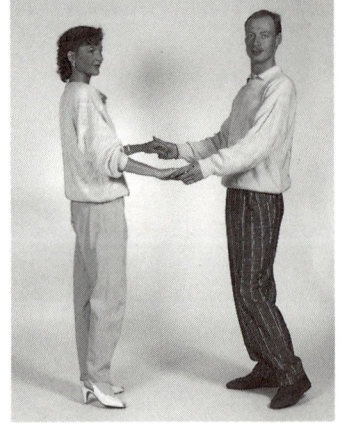

■ Statt des »Tap« kann man auch folgende Bewegung machen: Bei »und« hat der Herr das halbe Gewicht auf dem linken Fuß, die Dame auf dem rechten Fuß. Bei »3« hat der Herr das Gewicht auf dem rechten Fuß, die Dame auf dem linken Fuß.

Diese »Ball-Change«-Bewegung kann jeder Partner für sich machen, sie muß nicht von beiden zugleich gemacht werden. Beim »American 3 Heat Hustle« zum Beispiel tanzt der Herr fast immer den »Tap« und die Dame den »Ball-Change«.

Grundschritt	
Herr	**Dame**
1. LF am Platz aufsetzen	1. RF am Platz aufsetzen
2. RF leicht seitwärts setzen	2. LF leicht seitwärts setzen
3. LF Tap ohne Gewicht leicht seitwärts	3. RF Tap ohne Gewicht leicht seitwärts

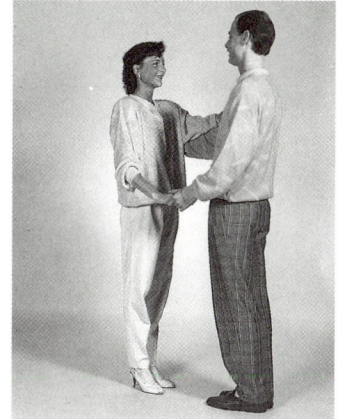

A

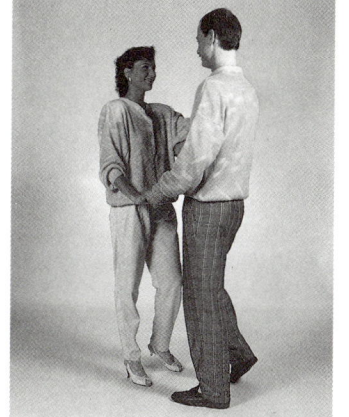

1

2

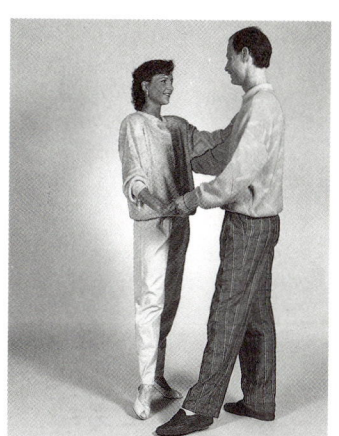

3

■ Diese Figur tanzt der Herr in der Regel nach außen zur Tanzfläche bei den Vorwärtsschritten. Er kann sie auch in eine andere Richtung tanzen, wenn er damit kein anderes Paar behindert.

Grundschritt vorwärts und rückwärts	
Herr	**Dame**
1. LF vorwärts kleiner Schritt	1. RF rückwärts kleiner Schritt
2. RF vorwärts kleiner Schritt	2. LF rückwärts kleiner Schritt
3. LF Tap neben RF ohne Gewicht	3. RF Tap neben LF ohne Gewicht
4. LF rückwärts kleiner Schritt	4. RF vorwärts kleiner Schritt
5. RF rückwärts kleiner Schritt	5. LF vorwärts kleiner Schritt
6. LF Tap neben RF ohne Gewicht	6. RF Tap neben LF ohne Gewicht

3

2

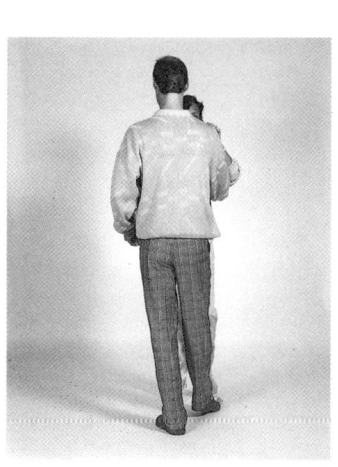

4

1

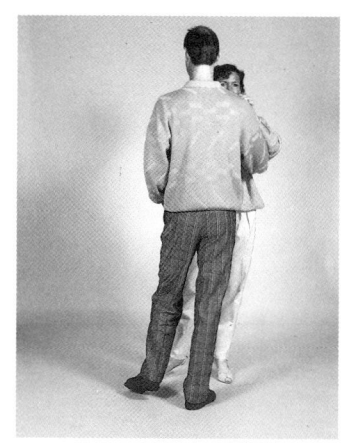

6

5

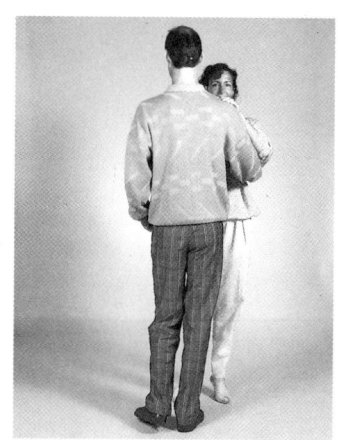

A

■ Diesen Schritt wiederholen Sie beliebig oft, wobei ständig gedreht wird. Die Dame kann bei Schritt 1 etwas herangeführt werden, um sie dann bei Schritt 2 und beim Tap etwas wegzuschwingen, das macht die Drehung schwungvoller.

Rechtsdrehung	
Herr	**Dame**
1. LF rückwärts kleiner Schritt	1. RF vorwärts kleiner Schritt
2. RF am Platz vorwärts belasten (Wiegeschritt) und leicht nach rechts drehen	2. LF seitwärts um den RF des Herrn und leicht nach rechts drehen
3. LF Tap neben RF ohne Gewicht	3. RF Tap neben LF ohne Gewicht

A

1

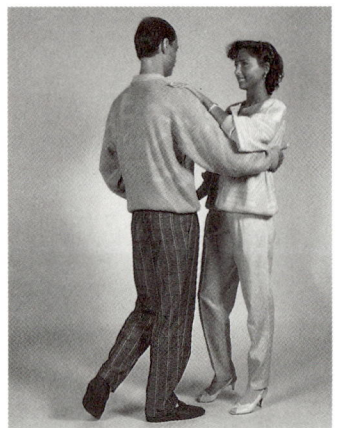

2

3

■ Diese Drehung kann der Herr entweder aus der Tanzhaltung 1 führen, um damit in Tanzhaltung 2 zu kommen, er kann diese Drehung aber auch aus der Tanzhaltung 2 tanzen, was beliebter ist.
Die Drehung an den Platz zurück ist nur aus Tanzhaltung 2 tanzbar.

Damendrehung unter dem linken Arm des Herrn

Herr
1.–3. Grundschritt, diesen wiederholen

Dame
1. RF vorwärts, leicht nach rechts drehen und unter die erhobenen Hände gehen
2. LF seitwärts weiter nach rechts drehen bis zur Gegenüberstellung zum Herrn

3. RF Tap neben LF ohne Gewicht
4. RF vorwärts, leicht nach links drehen und unter die erhobenen Hände gehen
5. LF seitwärts weiter nach links drehen bis zur Gegenüberstellung zum Herrn
6. RF Tap neben LF ohne Gewicht

1

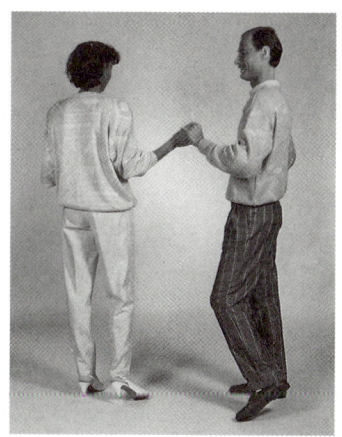

2

3

4

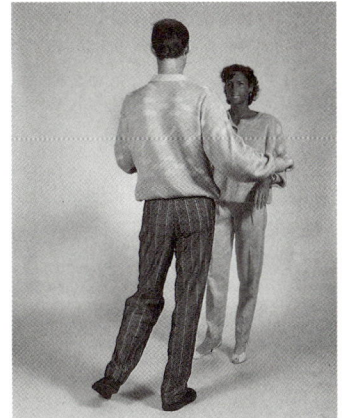

5

6

Solo-Disco

Grundschritt 1	
Herr	**Dame**
1. LF seitwärts kleiner Schritt	1. RF seitwärts kleiner Schritt
2. RF nach rechts zeigen, auf der Ferse ansetzen, Körper leicht nach rechts drehen	2. LF nach links zeigen, auf der Ferse ansetzen, Körper leicht nach links drehen
3. RF seitwärts kleiner Schritt, zueinander drehen	3. LF seitwärts kleiner Schritt, zueinander drehen
4. LF nach links zeigen, auf der Ferse ansetzen, Körper leicht nach links drehen	4. RF nach rechts zeigen, auf der Ferse ansetzen, Körper leicht nach rechts drehen

Taktart
4/4 Takt, für einen Schritt jeweils 1 Taktteil.

Tempo
36 bis 50 Takte/Min.

Tanzrichtung
Keine Tanzrichtung, da Sie fast ausschließlich am Platz tanzen.

Rhythmus
Alle Schritte im gleichen Rhythmus setzen.

Tanzhaltung
Alle Figuren können von den Partnern nebeneinander getanzt werden, dann tanzt die Dame die gleichen Schritte wie der Herr. Tanzt das Paar in Gegenüberstellung, dann nimmt die Dame den rechten Fuß wenn der Herr den linken Fuß benutzt. Die Schritte sind in Gegenüberstellung beschrieben.

Dieser Schritt kann beliebig oft wiederholt werden. Ein rhythmisches Beugen und Strecken der Knie ist wichtig dabei. Immer bei 1 und 3 werden die Knie gebeugt und bei 2 und 4 wieder gestreckt. Die Arme werden im Rhythmus der Musik abwechselnd (linker und rechter Arm vorwärts und rückwärts) geschwungen. Das gilt für alle Figuren, die in dieser offenen Stellung getanzt werden.

2

1

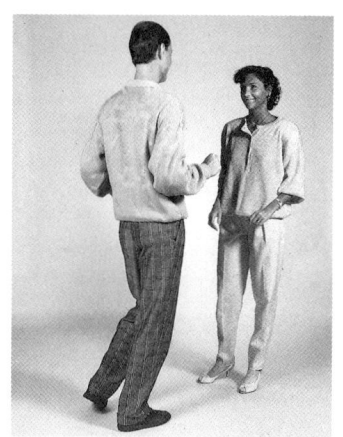

A

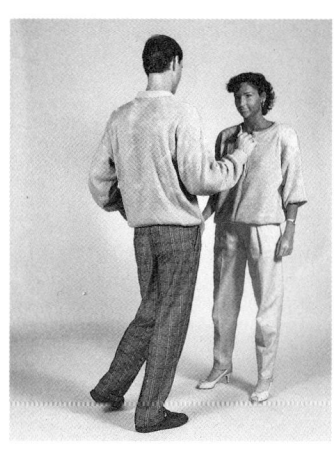

3

4

■ Dieser Schritt kann beliebig oft wiederholt werden. Er muß nicht von beiden Partnern zugleich getanzt werden, der eine Partner kann zum Beispiel Grundschritt 1 tanzen, während der andere Grundschritt 2 tanzt. Bei dem »Zeigeschritt« auf 2 und 4 kann man auch die »Ball-Change«-Bewegung machen.

Grundschritt 2

Herr	Dame
1. LF seitwärts kleiner Schritt	1. RF seitwärts kleiner Schritt
2. RF nach links leicht über den LF kreuzend zeigen, ohne Gewicht	2. LF nach rechts leicht über den RF kreuzend zeigen, ohne Gewicht
3. RF seitwärts kleiner Schritt	3. LF seitwärts kleiner Schritt
4. LF nach rechts leicht über den RF kreuzend zeigen, ohne Gewicht	4. RF nach links leicht über den LF kreuzend zeigen, ohne Gewicht

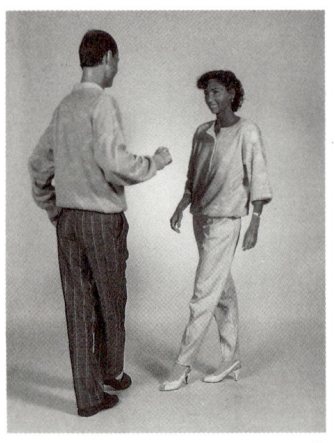

2

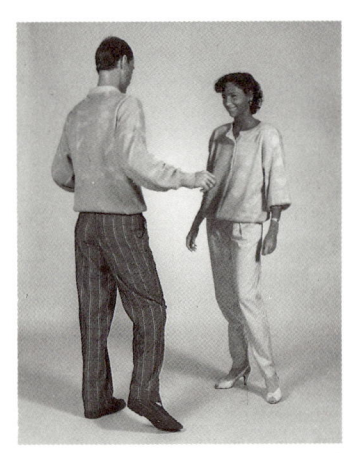

1

A

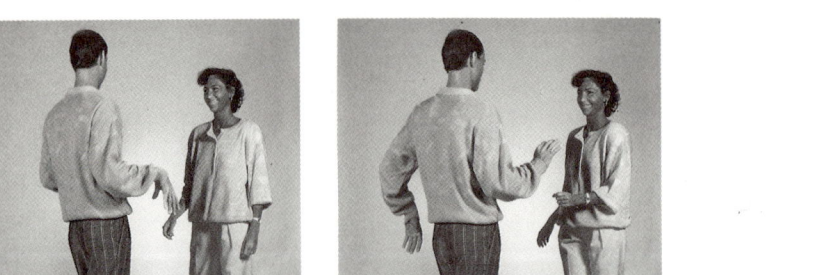

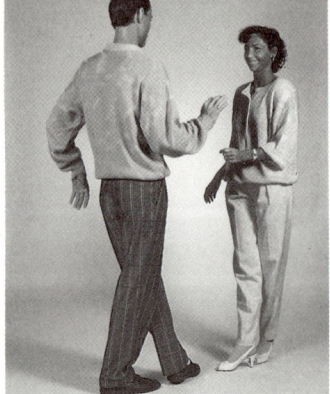

3

4

Auch bei diesem Schritt kann man bei 2 und 4 die »Ball-Change«-Bewegung machen. Wiederum ist es nicht nötig, daß beide Partner gemeinsam diesen Schritt tanzen. Die Grundschritte 1, 2, 3 kann jeder Partner für sich wahlweise tanzen.

Grundschritt 3 (Wischer)	
Herr	**Dame**
1. LF seitwärts kleiner Schritt	1. RF seitwärts kleiner Schritt
2. RF hinter LF zeigen, ohne Gewicht	2. LF hinter RF zeigen, ohne Gewicht
3. RF seitwärts kleiner Schritt	3. LF seitwärts kleiner Schritt
4. LF hinter RF zeigen, ohne Gewicht	4. RF hinter LF zeigen, ohne Gewicht

2

1

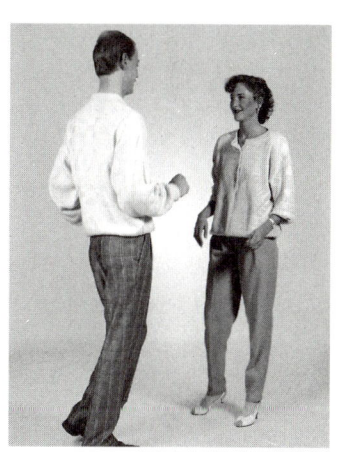

A

3

4

■ Auch diesen Schritt kann jeder Partner für sich tanzen, während der andere Grundschritt 1, 2, oder 3 tanzt.

Seitwärtsschritt	
Herr	**Dame**
1. LF seitwärts kleiner Schritt	**1.** RF seitwärts kleiner Schritt
2. RF schließt zum LF	**2.** LF schließt zum RF
3. LF seitwärts kleiner Schritt	**3.** RF seitwärts kleiner Schritt
4. RF nach rechts zeigen, auf der Ferse ansetzen, Körper leicht nach rechts drehen	**4.** LF nach links zeigen, auf der Ferse ansetzen, Körper leicht nach links drehen
5. RF seitwärts kleiner Schritt	**5.** LF seitwärts kleiner Schritt
6. LF schließt zum RF	**6.** RF schließt zum LF
7. RF seitwärts kleiner Schritt	**7.** LF seitwärts kleiner Schritt
8. LF nach links zeigen, auf der Ferse ansetzen, Körper leicht nach links drehen	**8.** RF nach rechts zeigen, auf der Ferse ansetzen, Körper leicht nach rechts drehen

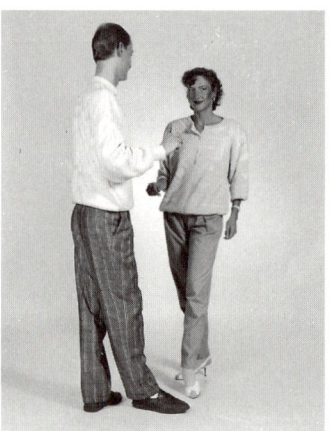

4

3

5

2

1

A

6

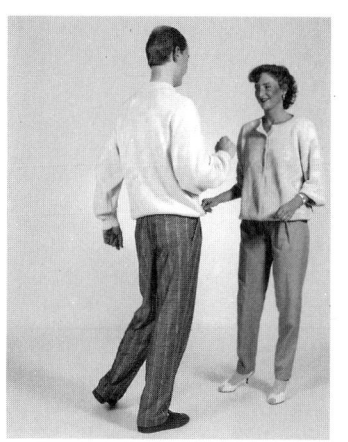

7

8

Promenadenlauf	
Herr 1. LF seitwärts kleiner Schritt, leicht nach links drehen 2. RF über den LF vorwärts setzen in Promenadenstellung 3. LF seitwärts kleiner Schritt, zueinander drehen 4. RF nach rechts zeigen, auf der Ferse ansetzen, Körper leicht nach rechts drehen 5. RF seitwärts kleiner Schritt 6. LF über den RF vorwärts setzen, in Gegenpromenadenstellung 7. RF seitwärts kleiner Schritt, zueinander drehen 8. LF nach links zeigen, auf der Ferse ansetzen, Körper leicht nach links drehen	**Dame** 1. RF seitwärts kleiner Schritt, leicht nach rechts drehen 2. LF über den RF vorwärts setzen in Promenadenstellung 3. RF seitwärts kleiner Schritt, zueinander drehen 4. LF nach links zeigen, auf der Ferse ansetzen, Körper leicht nach links drehen 5. LF seitwärts kleiner Schritt 6. RF über den LF vorwärts setzen, in Gegenpromenadenstellung 7. LF seitwärts kleiner Schritt, zueinander drehen 8. RF nach rechts zeigen, auf der Ferse ansetzen, Körper leicht nach rechts drehen

4

3

■ Wie bei den anderen Schritten erwähnt, kann auch dieser Schritt wahlweise von dem einen oder anderen Partner getanzt werden.

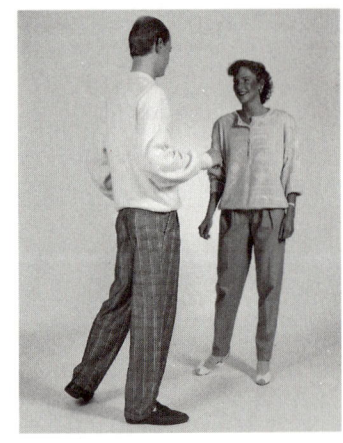

5

2

1

A

6

7

8